보디가드 여행 일본어

초판 1쇄 발행 2011년 8월 10일
초판 7쇄 발행 2018년 6월 20일

엮은이 | VLE연구소
편 집 | 이말숙
디자인 | 이재민
펴낸곳 | 비타민북
펴낸이 | 남승천, 박영진

등 록 | 제318-2004-00072호
주 소 | 07251 서울시 영등포구 영신로 40길 18 윤성빌딩 405호
전 화 | (02) 2677-1064
팩 스 | (02) 2677-1026
이메일 | vitaminbooks@naver.com

ⓒ2011 Vitamin Book

ISBN 978-89-92683-40-1 (13730)

*잘못 만들어진 책은 바꿔 드립니다.

이 도서의 국립중앙박물관 출판시도서목록(CIP)은 e-CIP 홈페이지
(http://www.nl.go.kr/ecip)에서 이용하실 수 있습니다.(CIP제어번호: CIP2011003029)

보디가드 여행 일본어

VLE연구소 엮음

비타민북 Vitamin Book

머리말

세계 각국의 다양한 문화를 체험하고자 해외 여행을 떠나려고 해도 외국어에 대한 두려움으로 여행을 망설이고 계십니까?
〈보디가드 여행 일본어〉는 현지에서 꼭 필요한 여행 회화만을 골라서 수록했기 때문에, 일본어를 전혀 못하는 사람이라도 일본 여행에 대한 두려움을 버리고 자신감을 가질 수 있을 것입니다.

이 책은 첫째, 한국을 출발하여 일본에 도착하는 순간부터 시작해서 다시 귀국할 때까지의 여행 순서대로 구성하였기 때문에, 여러분이 여행을 하는 동안 일본어 회화에 대한 별다른 불편 없이 자유롭게 여행을 즐길 수 있습니다.
둘째, 일본어를 전혀 못하는 사람들을 위해서 한글로 일본어 발음을 표기해 놓았으므로, 또박또박 발음만 잘 읽을 수 있다면 현지인들도 충분히 알아들을 수 있을 것입니다.

셋째, 손쉽게 휴대하기 편하도록 포켓판으로 만들었기 때문에, 어느 곳에서든 의사소통에 대한 두려움 없이 즐거운 여행을 할 수 있습니다.
넷째, 이 책을 좀더 유용하게 활용하기 위해서는, 일본으로 여행을 떠나기 전 미리 이 책의 구성을 익혀두신다면 한층 더 보람 있고 즐거운 여행이 될 것입니다.

아무쪼록 이 책이 일본으로 여행을 떠나는 여러분들께 작은 도움이 되길 바랍니다.

엮은이

이 책의 **특징**

1 간편하고 유용한 표현 엄선
일본어를 잘 하지 못하는 사람들이 일본으로 여행이나 출장 등을 떠날 때 현지에서 유용하게 쓸 수 있도록 간편한 회화문으로 구성했습니다.

2 출발에서 귀국까지 여행 스케줄에 따른 순서로 배열
일본으로 여행을 떠날 때부터 귀국할 때까지 다양한 상황에 대처할 수 있도록 인사·소개·대답·확인 등의 기본 회화 표현은 물론, 도착·숙박·교통·식사·관광·쇼핑·트러블·귀국의 8개 파트로 구성했습니다.

3 원하는 표현을 즉시 찾아볼 수 있는 사전식 구성
모든 일본어 회화 표현은 우리말을 먼저 제시하고 상황에 따라 필요한 단어를 사전식으로 구성하였으므로, 누구나 쉽게 찾아볼 수 있습니다.

4 초보자도 쉽게 말할 수 있는 일본어 발음의 한글 표기

일본어 회화를 제대로 구사하지 못해도 한글로 일본어 발음을 달아두었기 때문에, 또박또박 발음만 잘 한다면 현지인들도 충분히 알아들을 수 있을 것입니다.

5 PART별 가이드 설명

여행을 하는 동안 현지 상황에 대한 예비 지식을 익힐 수 있도록 각 PART별로 가이드 설명을 곁들였습니다.

6 즉석에서 찾아 간편하게 쓸 수 있는 관련 단어

회화 표현뿐만 아니라, 필요한 말을 즉석에서 찾아 쓸 수 있도록 관련된 단어를 PART별로 수록했습니다.

Contents

머리말 · 4
이 책의 특징 · 6

여행 준비 · 14
인천국제공항 가는 길 · 20

이것만은 알고 출발하자
これだけは分かって出発しょう

인사 あいさつ · 26
소개할 때 紹介する · 29
사람을 부를 때 人を呼ぶ · 32
고마움을 나타낼 때 お礼を言う · 35
미안함을 나타낼 때 あやまる · 38
대답할 때 YES/NOを言う · 41
확인할 때 確認する · 44
물을 때 質問する · 47
부탁할 때 頼む · 52
긴급 상황에서 유용한 단어 緊急のひとこと · 55

Part 1 도착
到着

도착 가이드 • 60
비행기 안에서 飛行機のなかで • 62
입국심사를 받을 때 入国審査を受ける • 66
세관검사를 받을 때 税関審査を受ける • 71
공항에서 空港で • 74
공항에서 시내로 들어갈 때 空港から市内に入って行く • 77
출입국·기내에서 유용한 단어 • 80

Part 2 숙박
宿泊

숙박 가이드 • 84
호텔 예약 ホテルの予約 • 86
호텔 체크인 ホテルのチェックイン • 88
호텔 서비스 이용 ホテルのサービスの利用 • 93
호텔 부대시설 이용 ホテルの附帯施設の利用 • 98
호텔 미용실에서 ホテルのビューティーサロンで • 101
호텔 통신 이용 ホテルの通信の利用 • 104

Contents

문제가 생겼을 때 　問題が起こった時 • 108
호텔 체크아웃 　ホテルのチェックアウト • 113
호텔에서 유용한 단어 • 118

Part 3 　교통
交通

교통 가이드 • 122
길을 물을 때 　道を問う • 124
길을 잃었을 때 　道に迷う • 129
택시를 이용할 때 　タクシーを利用する • 132
버스를 이용할 때 　バスを利用する • 137
지하철을 이용할 때 　地下鉄を利用する • 142
열차를 이용할 때 　列車を利用する • 147
비행기를 이용할 때 　飛行機を利用する • 152
렌터카를 이용할 때 　レンタカーを利用する • 156
자동차를 운전할 때 　自動車を運転する • 161
교통과 관련된 유용한 단어 • 166

식사
食事

식사 가이드 • 170
식당을 찾을 때　食堂を尋ねる • 172
식당을 예약할 때　食堂を予約する • 174
식당에 들어섰을 때　食堂に立ち入る • 177
식사를 주문할 때　食事を注文する • 180
식사할 때　食事する • 185
술과 음료를 마실 때　お酒と飲み物を飲む • 188
문제가 생겼을 때　問題が起こった時 • 193
패스트푸드점에서　ファーストフード店で • 196
식비를 계산할 때　食費を計算する • 199
식당에서 유용한 단어 • 202

관광
観光

관광 가이드 • 206
관광안내소에서　観光案内所で • 208
투어를 이용할 때　ツアーに参加する • 213

Contents

관광지에서 観光スポットで • 216
관람을 할 때 観覧する • 219
사진을 찍을 때 写真を撮る • 224
오락을 즐길 때 娯楽を楽しむ • 227
스포츠를 즐길 때 スポーツを楽しむ • 230
관광·스포츠에서 유용한 단어 • 232

Part 6 쇼핑
ショッピング

쇼핑 가이드 • 236
가게를 찾을 때 店を探す • 238
물건을 찾을 때 品物を探す • 241
물건을 고를 때 品物を見てもらう • 246
백화점·면세점에서 デパート・免税店で • 251
물건값을 흥정할 때 値引きの交渉 • 254
포장·배달 包装・配達 • 259
배송·교환·반품·환불 配送・交換・返品・払い戻し • 262
쇼핑에서 유용한 단어 • 264

트러블
トラブル

안전 대책 가이드 • 268
일본어를 잘 모를 때 日本語では分からない • 270
난처한 상황에 빠졌을 때 困った時 • 273
물건의 분실·도난 忘れ物·盗難 • 278
교통사고가 났을 때 交通事故 • 281
몸이 아파서 병원에 갈 때 病院へ行く • 284
긴급 상황에서 유용한 단어 • 288

귀국
帰国

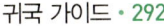

귀국 가이드 • 292
귀국 준비를 할 때 帰りの便の予約·リコンファーム • 294
공항으로 갈 때 空港へ行く • 299
탑승수속을 할 때 搭乗手続き • 302
비행기에 탑승할 때 搭乗する • 305
탑승했을 때 乗った時 • 308
귀국·통신과 관련된 유용한 단어 • 310

 **여행** 준비

해외로 여행을 하려면 무엇보다 사전에 준비가 철저해야 한다. 출국에 앞서 가장 기본적인 준비는 여권 만들기, 방문국의 비자 취득(비자 면제 국가는 제외), 각종 여행 정보 수집, 국제운전면허증 등 각종 증명서 만들기, 출국 교통편 정하기, 숙박 예약, 환전 및 여행에 필요한 짐 챙기기 등이 있다. 물론 이러한 준비는 여행사를 통해서 간편하게 할 수 있다.

★ **여권_passport**

여권은 외국을 여행할 때 여행자의 신분과 국적을 증빙하고 그 보호를 의뢰하는 문서로서, 해당 기관, 즉 외무부 여권과 및 시청·구청·군청 등에서 발급받는다. 여권 발급 시의 구비 서류는 다음과 같다.

① 여권 발급 신청서 : 1부
② 여권용 사진 : 1매(긴급 사진 부착식 여권 신청시 2매)
③ 발급 비용 : 55,000원(여권발급수수료 + 국제교류기여금 포함, 여권의 종류에 따라 다름)

④ 주민등록증이나 운전면허증, 구여권

⑤ 주민등록등본 : 2통

⑥ 병무 확인서

- 여권 발급 소요 기간 : 4~5일, 성수기에는 7~10일
- 여권의 유효기간 : 10년
- 외교부 여권과 : Tel (02) 733-2114

★ 비자_visa

비자는 여행하고자 하는 국가기관(대사관)에 의뢰하면 입국을 허가하는 공식 문서로서, 여행 목적에 따라 관광 비자(15일 이내)와 상용비자(15일 이상)로 구분하여 발급된다. 비자 발급 시의 구비 서류는 다음과 같다.

① 여권

② 여권용 사진 : 1매

③ 주민등록증(증명서)

④ 초청장

⑤ 발급 비용 : 15,000원(8일 소요), 35,000원(3일 소요)

★ **짐을 꾸리기 전에 반드시 확인하자**

여행 일정에 가장 중요한 일은 짐을 꾸리는 일이다. 대충 짐을 꾸렸다가는 여행지에서 낭패를 보기 십상이다. 여행지의 기후나 풍토에 대한 정보를 충분히 알아보고 의식주에 관한 준비를 하는 것이 꼭 필요하다.

★ **여행을 떠나기 전에 미리미리 준비하자!**

'짐은 적을수록 좋다'라는 기본 상식에 너무 충실하면, 꼭 챙겨가야 할 필수품까지 빼놓고 떠날 수 있다.
여권과 항공권 · 현금 · 신용카드 · 필기도구 · 운전면허증 및 각종 서류는 작은 가방에 넣어 별도로 소지하는 것이 좋다.

> ① 여권 : 사진이 있는 면을 복사해서 여권과 별도로 보관한다.
> ② 항공권 : 출국과 귀국 날짜, 노선, 유효 기간을 확인해 둔다.
> ③ 현지 화폐 : 교통비, 입장료 등의 소액
> ④ 여행자수표 : 현금과의 비율은 2 : 8 정도

★ 옷가지와 신발

옷들은 가장 부피가 큰 짐이다. 최소한의 옷을 선택하는 지혜가 필요하다. 기본은 속옷과 양말, 티셔츠 2~4벌. 새로 장만하려고 허둥대지 말고 평소 입던 편안하고 다루기 쉬운 옷가지 위주로 준비한다.

레스토랑에서의 식사와 같은 공식적인 스케줄이 잡혀 있으면 구두와, 남성은 깃이 달린 셔츠와 넥타이, 여성은 우아한 치마를 한 벌 정도 준비한다. 또 겨울은 물론이고 여름에도 아침저녁으로는 쌀쌀해지고, 차를 타고 관광할 때는 에어컨 시설이 잘 되어 있으므로 스웨터나 카디건을 준비해 그때그때 걸친다.

신발은 걷기에 편한 것이 기본이다. 길들여지지 않은 새 신발, 굽이 높은 신발은 금물. 새것보다는 길들여진 헌 신발이 오히려 편안하다. 여름이라면 샌들도 괜찮다. 숙소에서 신을 슬리퍼도 있으면 유용하다.

★ 세면도구

작은 호텔이나 유스호스텔 등에는 설비가 잘 되어 있지 않은 곳이 많으므로 여행용 세면도구와 타월, 드라이어, 화장품, 손톱깎이 등을 준비한다. 일류 호텔의 경우에는 대부분 잘 갖춰져 있으므로 치약, 칫솔 정도만 준비해 간다. 소화제와 설사약, 감기약, 소독약, 연고, 1회용 밴드 등도 준비한다.

★ 여행 가방과 짐꾸리기

가장 먼저 가방에 넣어야 하는 짐은 역시 부피가 가장 큰 옷가지들이다. 주름지지 않게 옷을 꾸리려면, 우선 반듯하게 옷들을 펴놓은 후 둘둘 말아 가방에 넣는 것이 좋다. 한꺼번에 옷가지를 꾸려 넣은 다음에는 가방의 남는 모서리에 속옷이나 양말, 신발 등을 넣는다. 딱딱한 트렁크에는 말아서 넣기 어려우므로 옷을 반으로 접어 차곡차곡 쌓는다.

세면도구와 속옷류·신발은 서로 뒤섞이지 않도록 입구를 봉할 수 있는 비닐봉지에 싸서 가방 가장자리의 빈 부분에 넣는다. 또 자주 꺼내야 하는 여권과 지갑, 화장품 등은 여행가방과는 별도로 핸드백이나 벨트색에 따로 챙긴다. 큰 가방은 호텔이나 짐보관소에 맡기고 작은 가방만 가지고 간편하게 다닌다.

★ 여행 가방의 크기와 무게

비행기에 맡길 수 있는 짐은 행선지와 클래스에 따라 다르다.

> **A. 위탁 수화물의 경우**
>
> 먼저 위탁 수화물 허용량은 기본적으로 미주 지역은 수화물 개수가 기준이 되며, 유럽을 포함한 미주 이외의 지역은 무게가 기준이 된다.
>
> **B. 휴대 수화물의 경우**
>
> 휴대 수화물은 항공기 안전 운항과 편안한 여행을 위하여, 이코노미 클래스인 경우 선반 혹은 좌석 아래에 넣을 수 있는 115cm(55cmx40cmx20cm) 이하 10kg(대한항공의 경우 12kg) 이하의 짐 1개이며, 프레스티지 및 비즈니스 클래스와 퍼스트 클래스는 2개까지 반입 가능하다. 이보다 큰 짐은 출국 수속 때 따로 부쳐야 한다.

인천 국제공항 가는 길

★ 인천국제공항 고속도로

인천국제공항 고속도로는 공항 이용객의 정시성 확보를 최우선으로 감안하여 지역간 통행 기능을 배제하고 오직 인천국제공항 방면으로만 통행이 가능한 인천국제공항 전용 고속도로이다. 즉, 인천국제공항 고속도로로 진입하면 중간에서 김포공항이나 인천 지역 등으로는 갈 수 없다.

★ 인천국제공항고속도로 진입로 현황(5개소의 진입로)

- **은평, 마포 등 서울의 북부 지역** : 강변북로 및 자유로와 연결되는 북로 JCT
- **강남, 서초, 영등포, 여의도 등의 지역** : 올림픽대로와 연결되는 88 JCT
- **김포공항 및 강서 지역** : 김포공항 IC
- **김포, 부천, 시흥, 일산 등의 지역** : 외곽순환고속도로와 연결되는 노오지 JCT
- **동인천 및 서인천 지역** : 북인천 IC

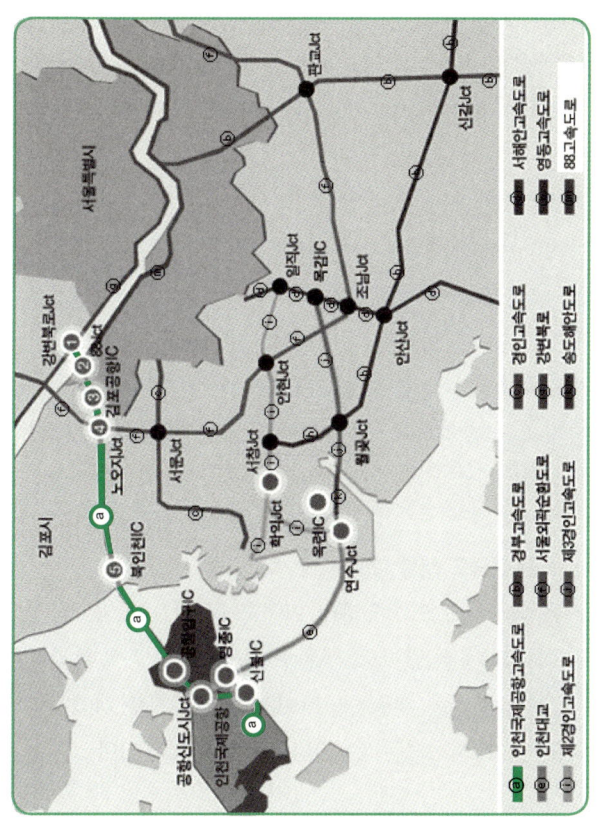

★ 자가용 이용시 유의 사항

여객터미널 출발도착층 진입로는 버스와 승용차(택시 포함)의 진입로가 분리되어 있으므로 도로안내 표지의 승용차·택시용 진입 차선을 반드시 지켜서 진입해야 한다.

출발층(고가도로, 3층)에서는 택시, 승용차 구분 없이 목적하는 항공사와 가까운 위치에서 승하차할 수 있다. 단, 승하차를 위한 5분 이상의 정차는 안 된다.

도착층(지상, 1층)에서는 택시, 승용차의 정차 위치가 지정되어 있으므로 지정된 위치에 정차해야 한다.

출발 도착층에서는 장시간의 정차가 허용되지 않으므로 승하차 후 즉시 출발해야 한다.

★ 인천 영종도 해상 항로

인천에서 선박을 이용하여 인천국제공항으로 가고자 하는 여객의 경우 월미도, 영종도 해상항로를 이용할 수 있다. 운항 시간은 매일 07:00~19:00이고, 운항 간격은 약 1시간이며, 도선료는 3,000원(대인 1인 기준)이다.

★ **공항 철도**

코레일 공항 철도는 현재 인천공항과 김포공항 및 서울역을 오가는 직통열차와 일반열차를 운행하고 있다. 김포공항에서는 지하철 5호선 9호선과 연결되고, 디지털미디어시티에서는 6호선, 홍대입구에서는 2호선, 서울역에서는 1호선과 4호선으로 갈아탈 수 있다.

공항철도 외에 KTX도 운행되는데, 서울역에서 갈아타는 불편 없이 부산, 대구, 대전, 광주, 익산 등 KTX가 운행되는 주요 지역에서 인천공항을 오갈 수 있게 되었다.

● **공항철도(주) : (032)745-7788 (www.arex.or.kr)**

〈운행노선 안내〉

 여행회화

이것만은 알고 출발하자
これだけは分かって出発しょう

인사 あいさつ

소개할 때 紹介する

사람을 부를 때 人を呼ぶ

고마움을 나타낼 때 お礼を言う

미안함을 나타낼 때 あやまる

대답할 때 YES/NOを言う

확인할 때 確認する

물을 때 質問する

부탁할 때 頼む

긴급 상황에서 유용한 단어 緊急のひとこと

인사
あいさつ

〈오전〉 안녕하세요?

おはようございます。
오하요- 고자이마스?

〈오후〉 안녕하세요?

こんにちは。
곤니찌와?

〈저녁〉 안녕하세요?

こんばんは。

곰방와?

안녕히 계십시오[가십시오].

さようなら。

사요-나라.

안녕히 주무세요. / 잘 자.

おやすみなさい。 / おやすみ。

오야스미나사이. / 오야스미.

잘 지내셨습니까?
お元気ですか。
오겡끼데스까?

・元気 겡끼 기운, 원기, 건강

오랜만입니다.
お久しぶりですね。
오히사시부리데스네.

어떻게 지내세요?
いかがお過ごしですか。
이까가 오스고시데스까?

소개할 때
紹介する

제 소개를 하겠습니다.
私の紹介をします。

와따시노 쇼-까이오 시마스.

만나서 반갑습니다.
お会いできて嬉しいです。

오아이데끼떼 우레시-데스.

뵙게 되어 반갑습니다.

お目にかかれて嬉しいです。

오메니 가까레떼 우레시-데스.

저 또한 만나서 반갑습니다.

私もお会いできて嬉しいです。

와따시모 오아이데끼떼 우레시-데스.

어디에서 오셨습니까?

どこからいらっしゃいましたか。

도꼬까라 이랏샤이마시다까?

저는 한국인입니다.
私は韓国人です。
와따시와 캉꼬꾸징데스.

저는 여행 중입니다.
私は旅行中です。
와따시와 료꼬-쮸-데스.

또 봅시다.
また、会いましょう。
마따, 아이마쇼-.

사람을 부를 때
人を呼ぶ

어떻게 불러야 하나요?
どんなに呼ばなければならないんですか。
돈나니 요바나께레바 나라나잉데스까?

〈이름을 부를 때〉 나카무라 씨.
中村さん。
나카무라상.

〈결혼한 남의 부인을 부를 때〉 나카무라 씨 부인.

中村さんのおくさん。
なかむら

나까무라상노 옥상.

〈사람을 부를 때〉 저, 여보세요.

あの、すみません。

아노, 스미마셍.

이름이 무엇입니까?

お名前はなんですか。
な まえ

오나마에와 난데스까?

홍길동입니다.
ホン・ギルドンです。
홍길동데스.

알겠습니다.
分かりました。
와까리마시따.

당신이 다나카 씨입니까?
あなたが田中さんですか。
아나따가 다나까상데스까?

고마움을 나타낼 때
お礼を言う

고마워요.
ありがとう。
아리가또-.

감사합니다.
ありがとうございます。
아리가또- 고자이마스.

대단히 감사합니다.

どうもありがとうございます。

도-모 아리가또- 고자이마스.

도와주셔서 감사합니다.

助(たす)けてくれてありがとうございました。

다스께떼구레떼 아리가또- 고자이마시따.

진심으로 감사합니다.

こころから感謝(かんしゃ)します。

고꼬로까라 간샤시마스.

신세가 많았습니다.
お世話(せわ)になりました。
오세와니 나리마시따.

천만에요.
どういたしまして。
도-이따시마시떼.

초대해 주셔서 감사합니다.
お招(まね)き頂(いただ)きありがとうございます。
오마네끼 이따다끼 아리가또-고자이마스.

미안함을 나타낼 때
あやまる

정말로 죄송합니다.

本当にすみませんでした。

혼또-니 스미마셍데시따.

대단히 죄송합니다.

まことにすみませんでした。

마꼬또니 스미마셍데시따.

실례했습니다.
失礼しました。
시쯔레-시마시따.

제가 잘못했습니다.
私が悪かったのです。
와따시가 와루깟따노데스.

당신 잘못이 아닙니다.
あなたのまちがいではないです。
아나따노 마찌가이데와 나이데스.

용서하십시오.
許^{ゆる}してください。

유루시떼 구다사이.

신경 쓰지 마십시오.
気^きにしないでください。

기니 시나이데 구다사이.

앞으로는 주의하겠습니다.
これからは気^きを付^つけます。

고레까라와 기오 쯔께마스.

대답할 때

YES/NOを言う

예. / 아니오.

はい。/ いいえ。

하이. / 이-에.

예, 그렇습니다.

はい、そうです。

하이, 소-데스.

아니오, 괜찮습니다.

いいえ、そうではありません。

이-에, 소-데와 아리마셍.

맞습니다.

そのとおりです。

소노 도-리데스.

알았습니다.

分かりました。

와까리마시따.

모르겠습니다.

わかりません。

와까리마셍.

물론이죠.

もちろんです。

모찌론데스.

역시.

やっぱりね。

얍빠리네.

확인할 때
確認する

뭐라고 하셨습니까?
何(なん)とおっしゃいましたか。
난또 옷샤이마시따까?

다시 한 번 말씀해 주시겠습니까?
もう一度(いちど)おっしゃってくださいませんか。
모- 이찌도 옷샷떼 구다사이마셍까?

좀 더 천천히 말씀해 주십시오.
もっとゆっくり言ってください。
못또 육꾸리 잇떼 구다사이.

뭐라고요?
なんですって。
난데슷떼?

그건 무슨 뜻입니까?
それはどういう意味ですか。
소레와 도-이우 이미데스까?

간단히 설명해 주세요.
簡単に説明してください。
간딴니 세쯔메-시떼 구다사이.

방금 뭐라고 하셨죠?
ただいま何と言ったんですか。
다다이마 난또 잇딴데스까?

잘 안 들립니다.
よく聞こえないです。
요꾸 기꼬에 나이데스.

물을 때
質問する

이름이 뭡니까?
お名前は何ですか。
오나마에와 난데스까?

저건 뭡니까?
あれは何ですか。
아레와 난데스까?

무얼 찾고 있습니까?
何を探していますか。
나니오 사가시떼 이마스까?

무슨 일을 하십니까?
お仕事はなんですか。
오시고또와 난데스까?

어느 쪽입니까?
どっちですか。
돗찌데스까?

몇 개입니까?

いくつですか。

이꾸쯔데스까?

여기는 어디입니까?

ここはどこですか。

고꼬와 도꼬데스까?

지금 사는 곳은 어디입니까.

いまはお住まいはどちらですか。

이마와 오스마이와 도찌라데스까?

입구는 어디입니까?
入口はどこですか。
이리구찌와 도꼬데스까?

어디 출신입니까?
出身はどちらですか。
슛싱와 도찌라데스까?

몇 살입니까?
おいくつですか。
오이꾸쯔데스까?

몇 분이십니까?
何名様ですか。
남메-사마데스까?

〈가격이나 양을 물어볼 때〉 얼마입니까?

いくらですか。
이꾸라데스까?

비상구는 어디에 있습니까?
非常口はどこにありますか。
히죠-구찌와 도꼬니 아리마스까?

부탁할 때
頼む

부탁이 있는데요.
お願いがあるんですが。
오네가이가 아룬데스가.

도와주시겠습니까?
助けていただけますか。
다스께떼 이따다께마스까?

이걸 하나 주세요.
これを一つ(ひと)ください。

고레오 히또쯔 구다사이.

여기에 앉아도 됩니까?
ここに座(すわ)っても良(い)いですか。

고꼬니 스왓떼모 이-데스까?

안으로 들어가도 됩니까?
中(なか)に入(い)って行(い)っても良(い)いですか。

나까니 잇떼잇떼모 이-데스까?

여기서 담배를 피워도 됩니까?

ここでタバコをすっても良いですか。

고꼬데 타바꼬오 슷떼모 이-데스까?

잠깐 여쭤도 될까요?

ちょっともうしあげても良いでしょうか。

쫏또 모-시아게떼모 이-데쇼-까?

잠깐 기다려 주세요.

ちょっとまってください。

쫏또 맛떼 구다사이.

긴급 상황에서 유용한 말
緊急のひとこと

도와줘요! / 살려줘요!

助けて!
たす

다스께떼!

그만둬요!

やめて!

야메떼!

도둑이야, 거기 서!
どろぼう、止(と)まれ！
도로보-, 토마레!

저놈 잡아라!
あいつを捕(つか)まれて！
아이쯔오 쯔까마레떼!

경찰을 불러요!
警察(けいさつ)を呼(よ)んで！
케-사쯔오 욘데!

불이야!
火だ！ / 火事だ！
히다! / 가지다!

위급해요.
危急です。
기큐-데스.

구급차를 불러 주세요.
救急車を呼んでください。
규-큐-샤오 욘데 구다사이.

PART 1

도착
到着

도착 가이드

비행기 안에서
飛行機のなかで

입국심사를 받을 때
入国審査を受ける

세관검사를 받을 때
税関審査を受ける

공항에서
空港で

공항에서 시내로 들어갈 때
空港から市内に入って行く

출입국·기내에서 유용한 단어

도착 가이드

★ 기내에서

비행기를 처음 타거나 배정된 좌석을 찾기 힘들 때는 항상 항공사 스튜어디스에게 도움을 청한다. 만약 외국 비행기에 탑승했을 경우 의사소통이 어렵더라도 좌석권을 스튜어디스에게 보여 주기만 하면 직원들이 알아듣고 서비스를 제공해 준다.

승무원을 호출할 때는 호출 버튼을 이용하면 된다. 스튜어디스가 나눠주는 해당 국가의 입국카드(혹은 좌석 테이블 안에 있음)가 배포되면 승무원의 도움을 받아 기재하면 된다. 서울에서 출발하는 비행기는 외국의 비행기라도 한국인 스튜어디스나 한국어를 할 줄 아는 외국인 스튜어디스가 있다.

★ 입국심사

도착하면 'Arrival'이라는 표시를 따라간다. 다른 승객도 가기 때문에 따라서 가면 된다. 입국심사 장소가 외국인(Alien)과 내국인으로 나뉘어져 있다. 물론 외국인 쪽에 서야 한다.

도착

질문은 세 가지

입국심사는 한 사람씩 심사관 앞에서 하기 때문에 긴장하는 사람도 있지만 무서워할 필요는 없다. 우선 심사관에게 "안녕하세요?" 등 밝게 인사를 하고 담당관의 안내에 따른다.

심사관은 여행자가 가지고 있는 여권과 비자, 그리고 돈은 얼마나 가지고 있는지, 그런 것을 알고 싶을 뿐이다. 그리고 세계 어느 곳을 가더라도 보통 질문은 여행 목적·체재 기간·체재 장소, 이 세 가지이다.

★ 세관을 통과하면서

여행자가 권총이나 마약 등 소지가 금지되어 있는 물건을 소지하고 있는지 조사하는 것이므로 걱정하지 않아도 된다. 다만 비상용으로 가지고 가는 구급약(특히 분말로 된 것)은 마약은 아닐까 의심받을 수도 있기 때문에 의사나 약사의 처방전을 가지고 있는 것이 좋다. 그밖에 한국에서 가져가는 식료품 등도 설명이 필요할지 모른다.

비행기 안에서
飛行機のなかで

〈탑승권을 보이며〉 제 좌석은 어디입니까?

私の座席はどこですか。
わたし ざせき

와따시노 자세끼와 도꼬데스까?

〈옆 사람에게〉 자리를 바꿔 주시겠습니까?

席を替っていただけますか。
せき かわ

세끼오 가왓떼 이따다께마스까?

도착

저기 빈자리로 옮겨도 되겠습니까?
向こうの空いている席に移動しても良いですか。

무꼬-노 아이떼이루세끼니 이도-시떼모 이-데스까?

잠깐 지나가겠습니다.
ちょっと通してください。

쫏또 도-시떼 구다사이.

음료는 뭐가 좋겠습니까?
お飲み物は何が良いですか。

오노미모노와 나니가 이-데스까?

어떤 음료가 있습니까?
どんな飲み物がありますか。
돈나 노미모노가 아리마스까?

식사는 다 하셨습니까?
食事はお済みですか。
쇼꾸지와 오스미데스까?

〈면세품 사진을 가리키며〉 이것은 있습니까?
これはありますか。
고레와 아리마스까?

도착

한국 돈은 받습니까?
韓国ウォンは受け取りますか。
강꼬꾸원와 우께또리마스까?

몸이 좀 불편합니다. 약을 좀 주세요.
少し気分が悪いのです。何か薬をください。
스꼬시 기붕가 와루이노데스. 낭까 구스리오 구다사이.

〈입국카드를 작성할 때〉 이 서류 작성법을 가르쳐 주시겠어요?
この書類作成法をおしえてください。
고노 쇼루-사꾸세-호-오 오시에떼 구다사이.

입국심사를 받을 때
入国審査を受ける

여권을 보여 주십시오.

パスポートを見せてください。

파스포-토오 미세떼 구다사이.

입국 목적은 무엇입니까?

入国の目的は何ですか。

뉴-꼬꾸노 모꾸떼끼와 난데스까?

도착

관광입니다.
<ruby>観光<rt>かんこう</rt></ruby>です。

강꼬-데스.

얼마나 체재하십니까?
<ruby>何日間<rt>なんにちかん</rt></ruby>の<ruby>滞在<rt>たいざい</rt></ruby>ですか。

난니찌깡노 타이자이데스까?

어디에 머무십니까?
どこに<ruby>滞在<rt>たいざい</rt></ruby>しますか。

도꼬니 타이자이시마스까?

67

〈메모를 보이며〉 숙박처는 이 호텔입니다.

宿泊先はこのホテルです。

슈꾸하꾸사끼와 고노 호떼루데스.

(호텔은) 아직 정하지 않았습니다.

まだ決めていません。

마다 기메떼 이마셍.

단체여행입니까?

団体旅行ですか。

단따이료꼬-데스까?

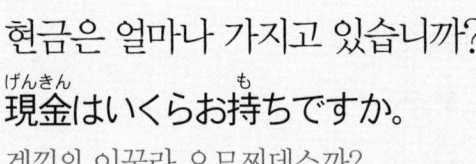

현금은 얼마나 가지고 있습니까?
現金はいくらお持ちですか。
겡낑와 이꾸라 오모찌데스까?

최종 목적지는 어디입니까?
最終目的地はどこですか。
사이슈-모꾸떼끼찌와 도꼬데스까?

이 나라는 처음입니까?
この国家は初めてですか。
고노 곡까와 하지메떼데스까?

네, 처음입니다.
はい、初めてです。

하이, 하지메떼데스.

좋은 하루 되세요.
楽しい一日を。

다노시- 이찌니찌오.

즐거운 여행 되세요.
楽しい旅行になってください。

다노시- 료꼬-니 낫떼 구다사이.

세관검사를 받을 때
税関審査を受ける

도착

짐은 어디서 찾습니까?
手荷物はどこで受け取りますか。

데니모쯔와 도꼬데 우께또리마스까?

제 짐이 보이지 않습니다.
私の手荷物が見つかりません。

와따시노 떼니모쯔가 미쯔까리마셍.

신고할 것은 있습니까?
申告するものはありますか。
싱꼬꾸스루 모노와 아리마스까?

이 가방을 열어 주십시오.
このかばんを開けてください。
고노 가방오 아께떼 구다사이.

내용물은 무엇입니까?
中身は何ですか。
나까미와 난데스까?

도착

이건 뭡니까?
これは何(なん)ですか。
고레와 난데스까?

다른 짐은 있나요?
他(ほか)に荷物(にもつ)はありますか。
호까니 니모쯔와 아리마스까?

과세액은 얼마입니까?
課税額(かぜいがく)はいくらですか。
가제-가꾸와 이꾸라데스까?

공항에서
空港で

관광안내소는 어디에 있습니까?
かんこうあんないじょ
観光案内所はどこですか。

강꼬-안나이죠와 도꼬데스까?

시가 지도와 관광 팸플릿을 주시겠어요?
しがいちず　かんこう
市街地図と観光パンフレットをください。

시가이찌즈또 강꼬- 팡후렛또오 구다사이.

도착

매표소는 어디에 있습니까?
切符売り場はことにありますか。
깁뿌우리바와 도꼬니 아리마스까?

여기서 호텔을 예약할 수 있습니까?
ここでホテルの予約ができますか。
고꼬데 호떼루노 요야꾸가 데끼마스까?

시내 호텔을 예약해 주시겠어요?
市内のホテルを予約してください。
시나이노 호떼루오 요야꾸시떼 구다사이.

75

여기서 렌터카를 예약할 수 있습니까?
ここでレンタカーの予約ができますか。
고꼬데 렌따카-노 요야꾸가 데끼마스까?

이걸 환전해 주시겠어요?
これを両替してください。
고레오 료-가에시떼 구다사이.

잔돈도 섞어 주세요.
こぜにもまぜてください。
고제니모 마제떼 구다사이.

공항에서 시내로 들어갈 때
空港から市内に入って行く

포터를 찾고 있습니다.
ポーターを探しています。
포-따-오 사가시떼 이마스.

이 짐을 택시 승강장까지 옮겨 주세요.
この荷物をタクシーのりばまで移してください。
고노 니모쯔오 다꾸시-노리바마데 우쯔시떼 구다사이.

카트는 어디에 있습니까?

カートはどこにありますか。

가ー또와 도꼬니 아리마스까?

짐을 호텔로 보내 주세요.

荷物をホテルに送てください。

니모쯔오 호떼루니 오꾸떼 구다사이.

〈택시〉 호텔로 가 주세요.

ホテルに行ってください。

호떼루니 잇떼 구다사이.

도착

짐을 트렁크에 넣어 주세요.
荷物をトランクに入れてください。
니모쯔오 도랑꾸니 이레떼 구다사이.

시내에 가는 버스는 있습니까?
市内へ行くバスはありますか。
시나이에 이꾸 바스와 아리마스까?

다음 버스는 언제 옵니까?
次のバスはいつ来ますか。
쯔기노 바스와 이쯔 기마스까?

출입국·기내에서 유용한 단어

공항버스	くうこうバース	구-꼬-바스
국내선	国内線（こくないせん）	고꾸나이셍
국적	国籍（こくせき）	고꾸세끼
국제선	国際線（こくさいせん）	고꾸사이셍
나이	年（とし）	토시
대합실	待合室（まちあいしつ）	마찌아이시쯔
면세품	免税品（めんぜいひん）	멘제-힝
목적	目的（もくてき）	모꾸떼끼
목적지	目的地（もくてきち）	모꾸떼끼찌
분실물	落し物（おとしもの）	오또시모노
비상구	非常口（ひじょうぐち）	히죠-구찌
비자, 사증	ビザ	비자
산소마스크	酸素マスク（さんそ―）	산소마스꾸
생년월일	生年月日（せいねんがっぴ）	세-넹갑삐
서명	署名（しょめい）	쇼메-
성	姓（せい）	세-
성명	姓名（せいめい）	세-메-

세관신고서	税関申告書 (ぜいかんしんこくしょ)	제-깡신꼬꾸쇼
여권	パスポート	파스뽀-또
영수증	領収書 (りょうしゅうしょ)	료-슈-쇼
입국	入国 (にゅうこく)	뉴-꼬꾸
입국카드	入国カード (にゅうこくカード)	뉴-꼬꾸카-도
좌석번호	座席番号 (ざせきばんごう)	자세끼방고-
주소	住所 (じゅうしょ)	쥬-쇼
직업	職業 (しょくぎょう)	쇼꾸교-
짐	荷物 (にもつ)	니모쯔
창 쪽 좌석	窓側座席 (まどがわざせき)	마도가와자세끼
출발	出発 (しゅっぱつ)	슙빠쯔
출신지	出身地 (しゅっしんち)	슛신찌
출입국카드	出入国カード (しゅつにゅうこくカード)	슈쯔뉴-꼬꾸카-도
탑승	搭乗 (とうじょう)	도-죠-
탑승권	搭乗券 (とうじょうけん)	도-죠-껭
통로 쪽 좌석	通路側座席 (つうろがわざせき)	쯔-로가와자세끼
화장실	トイレ	토이레

PART 2

숙박
宿泊

숙박 가이드

호텔 예약 ホテルの予約

호텔 체크인 ホテルのチェックイン

호텔 서비스 이용 ホテルのサービスの利用

호텔 부대시설 이용 ホテルの附帶施設の利用

호텔 미용실에서 ホテルのビューティーサロンで

호텔 통신 이용 ホテルの通信の利用

문제가 생겼을 때 問題が起こった時

호텔 체크아웃 ホテルのチェックアウト

호텔에서 유용한 단어

숙박 가이드

★ 호텔에서

비싼 물건이 들어 있는 가방은 직접 휴대하고 방이 배정될 때까지 로비에서 기다린다. 귀중품 도난 방지를 위해 안전 금고를 이용하며, 호텔에서 또는 시내에서 한국으로의 전화 통화 요령을 알아둔다.

★ 호텔방에서

각종 전자제품 및 욕실용품 등의 작동 요령을 알아둔다(특히, 전기 전압 등). 호텔의 욕실들은 일반 가정처럼 바닥에 하수구멍이 없어서 욕조 안에서 샤워를 한다. 이럴 경우는 바닥에 물이 흐르지 않도록 커튼을 이용한다. 또한 대부분의 호텔 방문은 자동으로 잠기므로, 잠깐 동행인의 옆방에 들르더라도 반드시 방 키를 소지해야 한다. 참고로, 호텔방 베란다 문도 자동으로 잠기는 경우가 많으니 베란다에 갇혀 밤새 시멘트 바닥에서 고생하는 일이 없도록 주의하자.

> **팁(tip)**
>
> 개인적으로 주문 또는 시설을 이용할 때 발생되는 비용의 10~15% 정도를 팁으로 추가 지불하는 것이 상례이다. 또한 현지 안내원이나 운전사에게 일정액의 팁을 줌으로써 더 적극적인 서비스를 기대할 수 있다.

숙박

★ 외출할 때

외출할 때는 인솔자나 현지 안내원에게 행선지와 연락처를 남기고, 호텔의 이름과 주소가 적혀 있는 호텔 카드나 호텔 성냥갑, 또는 명함을 소지해야 호텔로 돌아올 때 어려움을 겪지 않는다.

★ 호텔에서의 매너

호텔 복도는 바깥 거리와 똑같이 생각해야 한다. 파자마 차림으로 돌아다니거나 밤늦게 술에 취해 큰소리로 노래를 부르며 다니는 것은 삼가야 한다.

호텔 예약
ホテルの予約

예약을 하고 싶은데요.
予約をしたいのですが。
요야꾸오 시따이노데스가.

다른 호텔을 소개해 주시겠어요?
他のホテルを紹介してください。
호까노 호떼루오 쇼-까이시떼 구다사이.

오늘 밤, 빈방 있습니까?
今夜、空き部屋はありますか。
공야, 아끼베야와 아리마스까?

숙박

숙박 요금은 얼마입니까?
宿泊料金はおいくらですか。
슈꾸하꾸료-낑와 오이꾸라데스까?

선불인가요?
先払いですか。
사끼바라이데스까?

호텔 체크인
ホテルのチェックイン

예약은 하셨습니까?
予約はされていますか。
요야꾸와 사레떼 이마스까?

예약은 한국에서 했습니다.
予約は韓国でしました。
요야꾸와 강꼬꾸데 시마시따.

아직 예약을 하지 않았습니다.
まだ予約はしていません。
마다 요야꾸와 시떼 이마셍.

숙박

성함을 말씀해 주시겠어요?
お名前をどうぞ。
오나마에오 도-조.

방을 보여 주세요.
部屋を見せてください。
헤야오 미세떼 구다사이.

좀더 좋은 방은 없습니까?
もっとよい部屋はありませんか。
못또 요이 헤야와 아리마셍까?

이 방으로 하겠습니다.
この部屋にします。
고노 헤야니 시마스.

숙박 카드에 기입해 주십시오.
宿泊カードにご記入ください。
슈꾸하꾸 카-도니 고끼뉴- 구다사이.

이게 방 열쇠입니다.
こちらが部屋のカギとなります。
고찌라가 헤야노 가기또 나리마스.

귀중품을 보관해 주시겠어요?
貴重品を預かってもらえますか。
기쵸-힝오 아즈깟떼 모라에마스까?

짐을 방까지 옮겨 주시겠어요?
荷物を部屋まで運んでくれますか。
니모쯔오 헤야마데 하꼰데 구레마스까?

여기가 손님 방입니다.
こちらがお客様のお部屋になります。
고찌라가 오꺄꾸사마노 오헤야니 나리마스.

다시 한 번 확인해 주시겠어요?
もういちど確認してください。
모- 이찌도 가꾸닝시떼 구다사이.

예약을 취소하지 마세요.
予約を取り消さないでください。
요야꾸오 도리께사나이데 구다사이.

호텔 서비스 이용
ホテルのサービスの利用

숙박

룸서비스를 부탁합니다.

ルームサービスをお願(ねが)いします。

루-무사-비스오 오네가이시마스.

주차 서비스는 있습니까?

駐車(ちゅうしゃ)サービスはありますか。

쥬-샤사-비스와 아리마스까?

따뜻한 마실 물이 필요한데요.

飲むお湯がほしいのですが。

노무 오유가 호시-노데스가.

모닝콜을 부탁합니다.

モーニングコールをお願いします。

모-닝구코-루오 오네가이시마스.

방 번호를 말씀하십시오.

お部屋番号をどうぞ。

오헤야 방고-오 도-조.

한국으로 전화를 하고 싶은데요.
韓国に電話をかけたいのですが。
강꼬꾸니 뎅와오 가께따이노데스가.

마사지를 부탁합니다.
マッサージをお願いします。
맛사―지오 오네가이시마스.

식당 예약 좀 해주시겠어요.
レストランを予約していただけますか。
레스또랑오 요야꾸시떼 이따다께마스까?

숙박

방 청소를 부탁합니다.
部屋掃除をお願いします。
헤야소-지오 오네가이시마스.

〈밖에서 노크소리가 날 때〉 누구십니까?
どなたですか。
도나따데스까?

잠시 기다리세요.
ちょっと待ってください。
쫏또 맛떼 구다사이.

숙박

들어오세요.
お入（はい）りください。
오하이리 구다사이.

이건 팁입니다.
これはチップです。
고레와 칩뿌데스.

꼭 부탁합니다. 잊지 마세요.
ぜひお願（ねが）いします。忘（わす）れないてください。
제히 오네가이시마스. 와스레나이떼 구다사이.

호텔 부대시설 이용
ホテルの附帯施設の利用

식당은 어디에 있습니까?
食堂はどこですか。
쇼꾸도-와 도꼬데스까?

식당은 몇 시까지 합니까?
食堂は**何時**まで**開**いていますか。
쇼꾸도-와 난지마데 아이떼 이마스까?

이 호텔에 테니스 코트는 있습니까?

このホテルにテニスコートはありますか。

고노 호떼루니 테니스꼬-또와 아리마스까?

숙박

커피숍은 어디에 있습니까?

コーヒーショップはどこですか。

고-히-숍뿌와 도꼬데스까?

바는 언제까지 합니까?

バーはいつまで開いていますか。

바-와 이쯔마데 아이떼 이마스까?

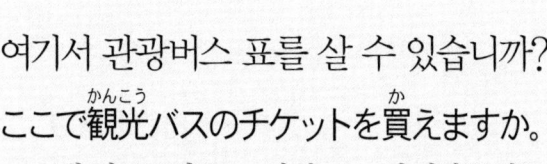

여기서 관광버스 표를 살 수 있습니까?
ここで観光バスのチケットを買えますか。

고꼬데 캉꼬-바스노 치껫또오 가에마스까?

세탁물을 부탁합니다.
洗濯物をお願いします。

센따꾸모노오 오네가이시마스.

오늘밤까지 될까요?
今夜までなりましょうか。

공야마데 나리마쇼-까?

호텔 미용실에서
ホテルのビューティーサロンで

숙박

오늘 오후에 예약할 수 있습니까?

今日の午後に予約できますか。

쿄-노 고고니 요야꾸데끼마스까?

(헤어스타일을) 어떻게 할까요?

どのようにしますか。

도노요-니 시마스까?

샴푸와 세트를 부탁합니다.
シャンプーとセットをお願[ねが]いします。
샴뿌-또 셋또오 오네가이시마스.

커트와 샴푸만 해주세요.
カットとシャンプーだけお願[ねが]いします。
캇또또 샴뿌-다께 오네가이시마스.

커트와 면도를 부탁합니다.
カットと髭[ひげ]剃[そ]りをお願[ねが]いします。
캇또또 히게소리오 오네가이시마스.

조금만 깎아 주세요.
すこし刈ってください。

스꼬시 갓떼 구다사이.

옆을 조금 잘라 주세요.
横をもう少し切ってください。

요꼬오 모- 스꼬시 깃떼 구다사이.

마무리는 언제 됩니까?
仕上がりはいつですか。

시아가리와 이쯔데스까?

숙박

호텔 통신 이용
ホテルの通信の利用

자, 말씀하십시오.
さあ、仰(おっしゃ)ってください。
사―, 옷샫떼 구다사이.

이메일을 체크하고 싶은데요.
メールをチェックしたいのですが。
메―루오 첵꾸시따이노데스가.

팩스는 있습니까?

ファックスはありますか。

확꾸스와 아리마스까?

통화 중입니다.

電話中です。

뎅와쮸-데스.

응답이 없습니다.

回答がないです。

가이또-가 나이데스.

방에서 한국으로 전화할 수 있나요?
部屋で韓国に電話することができるんですか。
헤야데 강꼬꾸니 뎅와스루 고또가 데끼룬데스까?

한국으로 팩스를 보내고 싶은데요.
韓国でファックスを送りたいのですが。
강꼬꾸데 확꾸스오 오꾸리따이노데스가.

전화요금은 얼마입니까?
電話料金はいくらですか。
뎅와료-낑와 이꾸라데스까?

우표는 어디서 살 수 있나요?
切手はどこで買えますか。
긷떼와 도꼬데 가에마스까?

한국까지 항공편으로 보내 주세요.
韓国まで航空便で送ってください。
강꼬꾸마데 고-꾸-빈데 오꼳떼 구다사이.

이 소포를 한국으로 보내고 싶은데요.
この小包を韓国に送りたいのですが。
고노 고즈쯔미오 강꼬꾸니 오꾸리따이노데스가.

문제가 생겼을 때
問題が起こった時

열쇠가 잠겨 방에 들어갈 수 없습니다.

鍵がかかって部屋に入れないんです。

가기가 가깓떼 헤야니 하이레나인데스.

열쇠를 방에 두고 나왔습니다.

鍵を部屋に忘れました。

가기오 헤야니 와스레마시따.

방 번호를 잊어버렸습니다.
部屋の番号を忘れました。
헤야노 방고-오 와스레마시따.

복도에 이상한 사람이 있습니다.
廊下に不審な人がいます。
로-까니 후신나 히또가 이마스.

(시끄러워서) 잠을 잘 수 없습니다.
(うるさくて) 寝ることができません。
(우루사꾸떼) 네루 고또가 데끼마셍.

다른 방으로 바꿔 주세요.

他の部屋に換えてください。

다노 헤야니 가에떼 구다사이.

화장실 물이 잘 나오지 않습니다.

トイレ水がちゃんと出ないです。

토이레 미즈가 쟌또 데나이데스.

뜨거운 물이 나오지 않는데요.

お湯が出ないのですが。

오유가 데나이노데스가.

수도꼭지가 고장났습니다.
水洗が故障しました。
스이셍가 고쇼-시마시따.

빨리 고쳐 주세요.
すぐ修理に来てください。
스구 슈-리니 기떼 구다사이.

물이 뜨겁지 않습니다.
お水が熱くないです。
오미즈가 아쯔꾸 나이데스.

방 청소가 아직 안 되었습니다.
部屋がまだ掃除されていません。
헤야가 마다 소-지사레떼 이마셍.

타월을 바꿔 주세요.
タオルを取り替えてください。
타오루오 도리까에떼 구다사이.

제가 부탁한 게 아직 안 왔습니다.
私が頼んだことがまだ来なかったです。
와따시가 다논다 고또가 마다 기나깓따데스.

호텔 체크아웃
ホテルのチェックアウト

숙박

체크아웃은 몇 시입니까?
チェックアウトは何時ですか。
첵꾸아우또와 난지데스까?

하룻밤 더 묵고 싶은데요.
もう一泊したいのですが。
모- 입빠꾸 시따이노데스가.

하루 일찍 떠나고 싶은데요.

一日早く発ちたいのですが。

이찌니찌 하야꾸 다찌따이노데스가.

오후까지 방을 쓸 수 있나요?

午後まで部屋を使えますか。

고고마데 헤야오 쯔까에마스까?

체크아웃을 하고 싶은데요.

チェックアウトをしたいのですが。

첵꾸아우또오 시따이노데스가.

포터를 보내 주세요.

ポーターをお願(ねが)いします。

뽀-따오 오네가이시마스.

맡긴 귀중품을 꺼내 주세요.

預(あず)けておいた貴重品(きちょうひん)を出(だ)してください。

아즈께떼오이따 기쬬-힝오 다시떼 구다사이.

출발할 때까지 짐을 맡아 주시겠어요?

出発(しゅっぱつ)まで荷物(にもつ)を預(あず)かってもらえますか。

슙빠쯔마데 니모쯔오 아즈깓떼 모라에마스까?

숙박

방에 물건을 두고 나왔습니다.
部屋に忘れ物をしました。
헤야니 와스레모노오 시마시따.

계산을 부탁합니다.
会計をお願いします。
가이께이오 오네가이시마스.

신용카드도 됩니까?
クレジットカードで支払いできますか。
쿠레짇또카-도데 시하라이 데끼마스까?

숙박

전부 포함된 겁니까?
全部込みですか。
젬부 꼬미데스까?

계산이 틀린 것 같은데요.
計算違いがあるようです。
게-상 찌가이가 아루요-데스.

고맙습니다. 즐겁게 보냈습니다.
ありがとう。快適な滞在でした。
아리가또-. 가이떼끼나 다이자이데시따.

호텔에서 유용한 단어

내선전화	内線電話 (ないせんでんわ)	나이센뎅와
당일 서비스	当日サービス (とうじつ)	도-지쯔사-비스
룸서비스	ルームサービス	루-무사-비스
모닝콜	モーニング・コール	모-닝구 코-루
미용실	ビューティー・サロン	뷰-띠- 사롱
방 번호	部屋の番号 (へや の ばんごう)	헤야노 방고-
별관	別館 (べっかん)	벡깡
본관	本館 (ほんかん)	혼깡
비상구	非常口 (ひじょうぐち)	히죠-구찌
빈방	空きま、空き部屋 (あ、あ べや)	아끼마, 아끼베야
세면도구	洗面道具 (せんめんどうぐ)	센멩도-구
세탁서비스	洗濯サービス (せんたく)	센따꾸사-비스
수건	タオル	타오루
숙박	宿泊 (しゅくはく)	슈꾸하꾸
숙박요금	宿泊料金 (しゅくはくりょうきん)	슈꾸하꾸료-낑
숙박카드	宿泊カード (しゅくはく)	슈꾸하꾸카-도
시내통화	市内通話 (しないつうわ)	시나이쯔-와

식당	食堂 쇼꾸도-
식사요금	お食事料金 오쇼꾸지료-낑
얼음	氷、アイス 코-리, 아이스
여행자수표	トラベラーズチェック 토라베라-즈첵꾸
열쇠	キー 키-
영수증	領収書 료-슈-쇼
예약	予約 요야꾸
온수	温水 온스이
요금	料金 료-낑
장거리전화	長距離電話 쬬-꼬리뎅와
접수	接受 세쯔쥬-
지배인	支配人 시하이닝
청구서	請求書 세이뀨-쇼
체크아웃	チェックアウト 첵꾸아우또
체크인	チェックイン 첵꾸인
할인요금	割引料金 와리비끼료-낑
현관	玄関 겡깡

교통 交通

교통 가이드
길을 물을 때 道を問う
길을 잃었을 때 道に迷う
택시를 이용할 때 タクシーを利用する
버스를 이용할 때 バスを利用する
지하철을 이용할 때 地下鉄を利用する
열차를 이용할 때 列車を利用する
비행기를 이용할 때 飛行機を利用する
렌터카를 이용할 때 レンタカーを利用する
자동차를 운전할 때 自動車を運転する
교통과 관련된 유용한 단어

교통 가이드

★ 열차

일본의 열차는 기능과 시설 면에서 세계 최고를 자랑하며 전국을 구석구석 완벽하게 연결하므로, 일본을 처음 여행하는 사람도 열차를 이용하면 불편함을 느끼지 못한다. 일본의 열차는 특실과 금연석, 자유석, 지정석으로 구분되어 있다. 보통 앞쪽의 차량은 앉는 자리가 정해져 있는 지정석이고, 뒤쪽 차량은 마음대로 앉는 자유석으로 열차 바깥쪽 옆에 한자로 표시되어 있다. 지정석을 원하면 역 안의 표 파는 곳(미도리노 마도구찌)이나 여행사에서 원하는 시간대의 지정석 티켓을 받으면 된다.

★ 택시

기본 요금이 지역마다 다르며 무척 비싼 편이지만, 3~5명이 단거리를 이동할 때는 오히려 경제적이다. 일본의 택시는 합승이 없으며, 탑승 시간을 기준으로 미터기에 표시된 금액을 지불하면 된다. 모든 역이나 큰 거리에서는 쉽게 택시를 잡을 수 있지만, 시간이 촉박

하거나 택시 잡기가 어려울 때는 전화를 걸거나 내리기 전에 택시기사와 미리 약속을 해두면 정해진 시간에 편리하게 이용할 수 있다. 택시 문은 자동으로 개폐된다.

★ 전철과 지하철

우리나라에서는 전철과 지하철이 혼용 사용되고 있지만, 일본의 경우는 정확하게 구분되어 있다. 전철이란 교외로 다니는 전기 철도, 지하철은 말 그대로 지하로만 다니는 전기 철도를 의미한다. 일본에서는 전철과 지하철이 민영으로 운영되고 있기 때문에 각 노선별로 요금 체계가 모두 다르며, 지하철에서 전철로 바꿔 타면 같은 노선이라도 표를 다시 끊어야 하므로 미리 갈 곳을 잘 확인하고 노선도 정확하게 체크해야 한다. 표는 주로 자판기에서 구입하는데, 원하는 지역의 단추를 먼저 확인한 후 돈을 넣고 표를 사면 된다.

 # 길을 물을 때
道を問う

저, 실례합니다!

あの、すみません!

아노, 스미마셍!

〈지도를 가리키며〉 여기는 어디입니까?

ここはどこですか。

고꼬와 도꼬데스까?

백화점은 어디에 있습니까?

デパートはどこにありますか。

데빠―또와 도꼬니 아리마스까?

여기는 무슨 거리입니까?

ここは何_{なん}という通_{とお}りですか。

고꼬와 난또이우 도오리데스까?

걸어서 몇 분 걸립니까?

歩_{ある}いて何分_{なんぷん}かかりますか。

아루이떼 남뿡 가까리마스까?

박물관에는 어떻게 가면 됩니까?

博物館にはどう行けばいいですか。

하꾸부쯔깐니와 도으 이께바 이-데스까?

역까지 가는 길을 가르쳐 주십시오.

駅までの道を教えてください。

에끼마데노 미찌오 오시에떼 구다사이.

여기에서 가깝습니까?

ここから近いのですか。

고꼬까라 지까이노데스까?

거기까지 걸어서 갈 수 있습니까?
そこまで歩(ある)いて行(い)けますか。
소꼬마데 아루이떼 이께마스까?

거기까지 버스로 갈 수 있습니까?
そこまでバスで行(い)けますか。
소꼬마데 바스데 이께마스까?

거기에 가려면 택시밖에 없습니까?
そこへ行(い)くにはタクシーしかありませんか。
소꼬에 이꾸니와 다꾸시-시까 아리마셍까?

거기까지 어느 정도 시간이 걸립니까?
そこまでどのくらい時間がかかりますか。
소꼬마데 도노쿠라이 지깡가 가까리마스까?

이 주위에 지하철역이 있습니까?
このあたりに地下鉄の駅はありますか。
고노 아따리니 지까떼쯔노 에끼와 아리마스까?

지도에 표시해 주시겠습니까?
地図にシルシをつけてください。
지즈니 시루시오 쯔께떼 구다사이.

길을 잃었을 때
道に迷う

교통

길을 잃었습니다.
道に迷ってしまいました。
미찌니 마욧떼 시마이마시따.

어디에 갑니까?
どこへ行きますか。
도꼬에 이끼마스까?

교토에 가는 길입니다.

京都へ行きみちです。

교-또에 이끼 미찌데스.

친절하게 해주셔서 감사합니다.

ご親切にありがとうございました。

고신세쯔니 아리가또- 고자이마시따.

미안합니다. 잘 모르겠습니다.

すみません。よく分かりません。

스미마셍. 요꾸 와까리마셍.

누군가 다른 사람에게 물어보세요.
だれか他の人に聞いてください。

다레까 호까노히또니 기이떼 구다사이.

지도를 가지고 있습니까?
地図を持っていますか。

지즈오 못떼 이마스까?

길을 좀 가르쳐 주십시오.
道をちょっと教えてください。

미찌오 쫏또 오시에떼 구다사이.

택시를 이용할 때
タクシーを利用する

택시를 불러 주시겠습니까?
タクシーを呼んでください。
다꾸시-오 욘데 구다사이.

택시 승강장은 어디에 있습니까?
タクシー乗り場はどこですか。
다꾸시-노리바와 도꼬데스까?

어디서 택시를 탈 수 있습니까?

どこでタクシーに乗れますか。

도꼬데 다꾸시-니 노레마스까?

어디서 기다리면 됩니까?

どこで待ってばいいですか。

도꼬데 맛떼바 이-데스까?

택시!

タクシー!

다꾸시-!

우리 모두 탈 수 있습니까?

私たちは全員乗れますか。

와따시다찌와 젠잉 노레마스까?

트렁크를 열어 주시겠어요?

トランクを開けてください。

도랑꾸오 아께떼 구다사이.

〈주소를 보이며〉 여기로 가 주세요.

ここへ行ってください。

고꼬에 잇떼 구다사이.

서둘러 주시겠어요?
急いでいただけますか。
いそ
이소이데 이따다께마스까?

가장 가까운 길로 가 주세요.
いちばん近い道で走ってください。
ちか みち はし
이찌방 지까이 미찌데 하싣떼 구다사이.

여기서 세워 주세요.
ここで止めてください。
と
고꼬데 도메떼 구다사이.

여기서 기다려 주시겠어요?
ここで待ってもらえませんか。
고꼬데 맛떼 모라에마셍까?

얼마입니까?
おいくらですか。
오이꾸라데스까?

거스름돈은 됐습니다.
おつりは要りません。
오쯔리와 이리마셍.

버스를 이용할 때
バスを利用する

교통

어디서 버스 노선도를 얻을 수 있습니까?
どこでバス路線図を得ることができますか。
도꼬데 바-스로센즈오 에루 고또가 데끼마스까?

표는 어디서 살 수 있습니까?
切符はどこで買えますか。
집뿌와 도꼬데 가에마스까?

어느 버스를 타면 됩니까?
どのバスに乗ればいいですか。

도노 바스니 노레바 이-데스까?

갈아타야 합니까?
乗り換えなければなりませんか。

노리까에나께레바 나리마셍까?

여기서 내려요.
ここで降ります。

고꼬데 오리마스.

버스 터미널은 어디에 있습니까?

バスターミナルはどこにありますか。

바스따-미나루와 도꼬니 아리마스까?

매표소는 어디에 있습니까?

チケット売り場はどこですか。

치껟또우리바와 도꼬데스까?

돌아오는 버스는 어디서 탑니까?

帰りのバスはどこから乗るのですか。

가에리노 바스와 도꼬까라 노루노데스까?

거기에 가는 직행버스는 있나요?
そこへ行く直通バスはありますか。
소꼬에 이꾸 죠꾸쯔-바스와 아리마스까?

도착하면 알려 주세요.
着いたら教えてください。
쯔이따라 오시에떼 구다사이.

닛코를 방문하는 투어는 있습니까?
日光を訪れるツアーはありますか。
닉꼬-오 오또즈레루 쯔아-와 아리마스까?

버스는 어디서 기다립니까?

バスはどこで待っていてくれるのですか。

바스와 도꼬데 맏떼이떼 구레루노데스까?

몇 시에 돌아옵니까?

何時に戻ってくるのですか。

난지니 모돋떼 구루노데스까?

호텔까지 데리러 옵니까?

ホテルまで迎えに来てくれるのですか。

호떼루마데 무까에니 기떼 구레루노데스까?

지하철을 이용할 때
地下鉄を利用する

지하철 노선도를 주시겠습니까?
地下鉄の路線図をください。

지카떼쯔노 로센즈오 구다사이.

이 근처에 지하철역이 있습니까?
この近くに地下鉄の駅はありませんか。

고노 찌까꾸니 지까떼쯔노 에끼와 아리마셍까?

표는 어디서 삽니까?
切符はどこで買えますか。
깁뿌와 도꼬데 가에마스까?

자동매표기는 어디에 있습니까?
切符販売機はどこですか。
깁뿌함바이끼와 도꼬데스까?

어디서 갈아탑니까?
どこで乗り換えるのですか。
도꼬데 노리까에루노데스까?

이건 미타역에 갑니까?
これは三田駅へ行きますか。
고레와 미따에끼에 이끼마스까?

시부야역은 몇 번째입니까?
渋谷駅は何番目ですか。
시부야에끼와 남밤메데스까?

다음은 어디입니까?
次はどこですか。
츠기와 도꼬데스까?

이 전철은 하라주쿠역에 섭니까?
この電車は原宿駅に止まりますか。
고노 덴샤와 하라쥬꾸에끼니 도마리마스까?

이 노선의 종점은 어디입니까?
この路線の終点はどこですか。
고노 로센노 슈-뗑와 도꼬데스까?

지금 어디 근처입니까?
今どのあたりですか。
이마 도노 아따리데스까?

다음이 신주쿠역입니까?
次が伸縮駅ですか。
즈기가 신슈꾸에끼데스까?

표를 잃어버렸습니다.
切符をなくしました。
깁뿌오 나꾸시마시따.

지하철에 가방을 두고 내렸습니다.
地下鉄にかばんを忘れました。
지까떼쯔니 가방오 와스레마시따.

열차를 이용할 때
列車を利用する

매표소는 어디에 있습니까?
切符売り場はどこですか。
깁뿌우리바와 도꼬데스까?

오사카까지 편도 주세요.
大阪までの片道切符をください。
오-사까마데노 가따미찌깁뿌오 구다사이.

예약 창구는 어디입니까?
予約の窓口はどこですか。
요야꾸노 마도구찌와 도꼬데스까?

더 이른 열차는 있습니까?
もっと早い列車はありますか。
못또 하야이 렛샤와 아리마스까?

더 늦은 열차는 있습니까?
もっと遅い列車はありますか。
못또 오소이 렛샤와 아리마스까?

〈표를 보여주며〉 이 열차 맞습니까?
この列車でいいのですか。

고노 렛샤데 이-노데스까?

교통

이 열차는 예정대로 출발합니까?
この列車は予定とおり出発しますか。

고노 렛샤와 요떼이토오리 슙빠쯔시마스까?

거기는 제 자리입니다.
そこは私の席です。

소꼬와 와따시노 세끼데스.

이 자리는 비어 있나요?
この席は空いていますか。
고노 세끼와 아이떼 이마스까?

창문을 열어도 됩니까?
窓を開けてもいいですか。
마도오 아께떼모 이-데스까?

식당차는 어디입니까?
食堂車はどこですか。
쇼꾸도-샤와 도꼬데스까?

오사카까지 몇 시간 걸립니까?
大阪まで何時間かかりますか。
오-사까마데 난지깡 가까리마스까?

여기는 무슨 역입니까?
ここはどの駅ですか。
고꼬와 도노 에끼데스까?

다음 역은 무슨 역입니까?
次の駅はどの駅ですか。
즈기노 에끼와 도노 에끼데스까?

비행기를 이용할 때
飛行機を利用する

비행기 예약을 부탁합니다.
フライトの予約をお願いします。
후라이또노 요야꾸오 오네가이시마스.

성함과 편명을 말씀해 주시겠어요?
お名前と便名をどうぞ。
오나마에또 빔메-오 도-조.

일찍 가는 비행기로 부탁합니다.

早い便をお願いします。
はや びん ねが

하야이 빙오 오네가이시마스.

늦게 가는 비행기로 부탁합니다.

遅い便をお願いします。
おそ びん ねが

오소이 빙오 오네가이시마스.

일본항공 카운터는 어디입니까?

日本航空のカウンターはどこですか。
に ほんこうくう

니홍꼬-꾸-노 카운따-와 도꼬데스까?

항공권은 가지고 계십니까?
航空券はお持ちですか。
고-꾸-껭와 오모찌데스까?

이 짐은 기내로 가지고 갑니다.
この荷物は機内持ち込みです。
고노 니모쯔와 기나이 모찌꼬미데스.

요금은 얼마입니까?
料金はいくらですか。
료-낑와 이꾸라데스까?

몇 번 출구로 나가면 됩니까?
何番ゲートに行けばいいのですか。
なんばん い

남방게-또니 이께바 이-노데스까?

비행기는 예정대로 출발합니까?
飛行機は予定通り出発しますか。
ひこうき よていとお しゅっぱつ

히꼬-끼와 요떼-토오리 슙빠쯔시마스까?

탑승은 시작되었나요?
搭乗は始まっていますか。
とうじょう はじ

도-죠-와 하지맏떼 이마스까?

렌터카를 이용할 때
レンタカーを利用する

〈공항에서〉 렌터카 카운터는 어디입니까?

レンタカーのカウンターはどこですか。

렌따카-노 카운따-와 도꼬데스까?

어느 정도 운전할 예정이십니까?

どのくらいドライブする予定ですか。
よてい

도노 꾸라이 도라이부스루 요떼-데스까?

차를 3일간 빌리고 싶습니다.
車を三日間借りたいです。

구루마오 믹까깡 가리따이데스.

이것이 제 국제운전면허증입니다.
これが私の国際運転免許証です。

고레가 와따시노 곡사이운뗌멩꾜쇼-데스.

어떤 차가 있습니까?
どんな車がありますか。

돈나 구루마가 아리마스까?

렌터카 목록을 보여 주시겠어요?

レンタカーリストを見せてもらえますか。

렌따카ー 리스또오 미세떼 모라에마스까?

어떤 타입의 차가 좋으십니까?

どのタイプの車がよろしいですか。

도노 타이뿌노 구루마가 요로시ー데스까?

중형차를 빌리고 싶은데요.

中型車を借りたいのですが。

쥬ー가따샤오 가리따이노데스가.

오토매틱밖에 운전하지 못합니다.
オートマチックしか運転できません。
오-또마찍꾸시까 운뗀데끼마셍.

선불이 필요합니까?
前金が必要ですか。
마에낑가 히쯔요-데스까?

보증금은 얼마입니까?
保証金はいくらですか。
호쇼-낑와 이꾸라데스까?

1주간 요금은 얼마입니까?
一週間の料金はいくらですか。
잇슈-깐노 료-낑와 이꾸라데스까?

특별요금은 있습니까?
特別料金はありますか。
도꾸베쯔료-낑와 아리마스까?

그 요금에 보험은 포함되어 있습니까?
その料金に保険は含まれていますか。
소노 료-낀니 호껭와 후꾸마레떼 이마스까?

자동차를 운전할 때
自動車を運転する

교통

도로 지도를 주시겠습니까?
道路地図をいただけますか。
도-로찌즈오 이따다께마스까?

긴급 연락처를 알려 주시겠어요?
緊急連絡先を教えてください。
깅뀨-렌라꾸사끼오 오시에떼 구다사이.

닛코는 어느 길로 가면 됩니까?
日光へはどの道を行けばいいですか。
닉꼬-에와 도노 미찌오 이께바 이-데스까?

곧장입니까, 아니면 왼쪽입니까?
まっすぐですか、それとも左ですか。
맛스구데스까, 소레또모 히다리데스까?

차로 하코네까지 어느 정도 걸립니까?
車で箱根までどのくらいかかりますか。
구루마데 하코네마데 도노쿠라이 가까리마스까?

가장 가까운 교차로는 어디입니까?

いちばん近い交差点はどこですか。

이찌방 찌까이 꼬-사뗑와 도꼬데스까?

이 근처에 주유소가 있습니까?

この近くにガソリンスタンドはありますか。

고노 찌까꾸니 가소린스딴도와 아리마스까?

가득 넣어 주세요.

満タンにしてください。

만딴니 시떼 구다사이.

여기에 주차해도 됩니까?
ここに車を駐車してもいいですか。
고꼬니 구루마오 쮸-샤시떼모 이-데스까?

배터리가 떨어졌습니다.
バッテリーがあがってしまいました。
받떼리-가 아갓떼 시마이마시따.

펑크가 났습니다.
パンクしました。
팡꾸시마시따.

시동이 걸리지 않습니다.

エンジンがかからないんです。

엔징가 가까라나인데스.

교통

브레이크가 잘 안 듣습니다.

ブレーキのききがあまいです。

부레-끼노 기끼가 아마이데스.

고칠 수 있습니까?

修理できますか。

슈-리데끼마스까?

교통과 관련된 유용한 단어

개찰구	改札口 (かいさつぐち) 가이사쯔구찌
거스름돈	おつり 오쯔리
고속도로	高速道路 (こうそくどうろ) 고-소꾸도-로
고장	故障 (こしょう) 고쇼-
교차로	交差点 (こうさてん) 고-사뗑
교통사고	交通事故 (こうつうじこ) 고-쯔-지꼬
국도	国道 (こくどう) 고꾸도-
국제운전면허증	国際運転免許証 (こくさいうんてんめんきょしょう) 곡사이운뗌멩꾜쇼-
금연석	禁煙席 (きんえんせき) 킹엔세끼
기차역	電車駅 (でんしゃえき) 덴샤에끼
노선	路線 (ろせん) 로셍
도로표지	道路標識 (どうろひょうしき) 도-로효-시끼
매표소	切符売り場 (きっぷうりば) 깁뿌우리바
버스 요금	バス料金 (りょうきん) 바스료-낑
버스 정류장	バス停 (てい) 바스떼-
버스터미널	バスターミナル 바스따-미나루
빈 좌석	空座席 (くうざせき) 구-자세끼

승차권, 입장권	入場券 (にゅうじょうけん)	뉴-죠-껭
신호등	信号灯 (しんごうとう)	싱고-도-
야간열차	夜行列車 (やこうれっしゃ)	야꼬-렛샤
요금	料金 (りょうきん)	료-낑
운전면허증	運転免許証 (うんてんめんきょしょう)	운뗌멩꾜쇼-
인도	歩道 (ほどう)	호도-
주유소	ガソリンスタンド	가소린스딴도
주차장	駐車場 (ちゅうしゃじょう)	쥬-샤죠-
지하철	地下鉄 (ちかてつ)	지까떼쯔
직행버스	直行バス (ちょっこう)	쵹꼬-바스
차도	車道 (しゃどう)	샤도-
택시승강장	タクシー乗り場 (のば)	다꾸시-노리바
택시요금	タクシー料金 (りょうきん)	다꾸시-료-낑
편도요금	片道料金 (かたみちりょうきん)	가따미찌료-낑
할인요금	割引料金 (わりびきりょうきん)	와리비끼료-낑
할증요금	割り増し料金 (わりましりょうきん)	와리마시료-낑
횡단보도	横断歩道 (おうだんほどう)	오-당호도-

식사 食事

식사 가이드
식당을 찾을 때 食堂を尋ねる
식당을 예약할 때 食堂を予約する
식당에 들어섰을 때 食堂に立ち入る
식사를 주문할 때 食事を注文する
식사할 때 食事する
술과 음료를 마실 때 お酒と飲み物を飲む
문제가 생겼을 때 問題が起こった時
패스트푸드점에서 ファーストフード店で
식비를 계산할 때 食費を計算する
식당에서 유용한 단어

식사 가이드

★ **일본 식당을 이용할 때 주의할 점**

1. 식당에 가면 오시보라고 하는 물수건이 비닐봉지에 담겨 있거나 작은 받침 그릇에 놓여 있는데, 이것으로 식사하기 전에 손이나 얼굴을 닦는다.

2. 일본 식당에서는 식사할 때 숟가락을 쓰지 않는다. 특히 국은 그릇을 왼손에 들고, 오른손의 젓가락으로 가볍게 저어가며 마신다.

3. 된장국이나 우동 등의 국물을 먹을 때, 약간 소리를 내면서 먹는 것은 어느 정도 허용된다.

4. 일본에서는 중국 식당을 제외하고는 대부분의 식당에서 종이로 포장된 나무젓가락을 사용한다. 젓가락은 하시오키라고 하는 젓가락 받침대 위에 가로로 놓여 있다.

5. 나무 그릇에 담아주는 면류를 먹을 때는 한입에 넣을 만큼씩 집어서 먹는다. 뜨거운 국물에 담긴 면류를 먹을 때는 그릇을 들고 국물을 마신다.

❻ 일본식 식사에서는 반찬으로 나오는 단무지나 채소, 생선 등의 양이 적다. 만일 반찬을 더 달라고 할 경우에는 약 200~500엔 정도 추가 요금을 내야 한다.

❼ 종업원의 도움이 필요할 때는 스미마셍(실례합니다)이라는 말로 종업원을 부른다.

❽ 식사하는 사람이 많아서 자리를 찾기가 어려울 경우에는 종업원이나 주인의 안내를 받는다.

식당을 찾을 때
食堂を尋ねる

이곳에 한국 식당이 있습니까?
この町に韓国レストランはありますか。

고노 마찌니 강꼬꾸 레스또랑와 아리마스까?

이 지방의 명물요리를 먹고 싶은데요.
この地方の名物料理をたべたいですが。

고노 지호-노 메이부쯔료-리오 다베따이데스가.

인기 있는 음식점을 추천해 주세요.

人気あるレストランを勧めてください。

닝끼아루 레스또랑오 스스메떼 구다사이.

식사

가볍게 식사를 하고 싶은데요.

軽い食事をしたいのです。

가루이 쇼꾸지오 시따이노데스.

걸어서 갈 수 있습니까?

歩いて行くことができますか。

아루이떼 이꾸 고또가 데끼마스까?

식당을 예약할 때
食堂を予約する

식당이 많은 곳은 어디입니까?
レストランが多いのはどの辺りですか。
레스또랑가 오-이노와 도노 아따리데스까?

예약이 필요한가요?
予約は必要ですか。
요야꾸와 히쯔요-데스까?

여기서 예약할 수 있나요?
ここで予約できるんですか。

고꼬데 요야꾸데끼룬데스까?

오늘밤 좌석을 예약하고 싶은데요.
今晩、席を予約したいのです。

곰방, 세끼오 요야꾸시따이노데스.

손님은 몇 분이십니까?
お客様は何人ですか。

오꺄꾸사마와 난닝데스까?

몇 시부터 엽니까?
何時から開きますか?
난지까라 아끼마스까?

오후 여섯 시 반에 다섯 명이 갑니다.
午後6時半に5人が行きます。
고고 로꾸지 한니 고닝가 이끼마스.

전원 같은 자리로 해주세요.
全員いっしょの席でお願いします。
젠잉 잇쇼노 세끼데 오네가이시마스.

식당에 들어섰을 때
食堂に立ち入る

식사

안녕하세요. 예약하셨습니까?
こんばんは。ご予約はいただいていますか。

곰방와. 고요야꾸와 이따다이떼 이마스까?

여섯 시에 예약한 홍길동입니다.
6時に予約しているホン・ギルドンです。

로꾸지니 요야꾸시떼이루 홍기루동데스.

예약은 하지 않았습니다.
予約はしておりません。

요야꾸와 시떼 오리마셍.

일곱 시에 예약했습니다.
7時に予約しました。

시찌지니 요야꾸시마시따.

몇 분이십니까?
何名様ですか。

남메-사마데스까?

안내해 드릴 때까지 기다려 주십시오.
ご案内するまでお待ちください。
고안나이스루마데 오마찌 구다사이.

몇 시면 자리가 납니까?
何時なら席をとれますか。
난지나라 세끼오 도레마스까?

금연[흡연]석으로 부탁합니다.
禁煙[喫煙]席にしてください。
깅엔[기쯔엔]세끼니 시떼 구다사이.

식사를 주문할 때
食事を注文する

메뉴 좀 보여 주세요.
メニューを見せてください。
메뉴-오 미세떼 구다사이.

한국어 메뉴는 있습니까?
韓国語メニューはありますか。
강꼬꾸고 메뉴-와 아리마스까?

주문하시겠습니까?
ご注文をおうかがいできますか。
고쮸-몽오 오우까가이 데끼마스까?

잠깐 기다려 주세요.
もうちょっと待ってください。
모- 쫀또 맏떼 구다사이.

나중에 다시 오시겠습니까?
またあとで来てもらえますか。
마따 아또데 기떼 모라에마스까?

주문 받으세요.

注文をしたいのですが。

쥬-몽오 시따이노데스가.

〈메뉴를 가리키며〉 이것으로 부탁합니다.

これをお願いします。

고레오 오네가이시마스.

이것은 무슨 요리입니까?

これはなんの料理ですか。

고레와 난노 료-리데스까?

오늘 특별 요리는 무엇입니까?
今日の特別料理はなんですか。
교-노 도꾸베쯔료-리와 난데스까?

〈메뉴를 가리키며〉 이것과 이것을 주세요.
これとこれをお願いします。
고레또 고레오 오네가이시마스.

저도 같은 것으로 주세요.
私にも同じ物をお願いします。
와따시니모 오나지 모노오 오네가이시마스.

빨리 되는 것은 있습니까?
何か早くできる物はありますか。
나니까 하야꾸 데끼루 모노와 아리마스까?

저것과 같은 요리를 주세요.
あれと同じ料理をください。
아레또 오나지 료-리오 구다사이.

다른 주문은 없으십니까?
他の注文はないですか。
호까노 쮸-몽와 나이데스까?

식사할 때
食事する

이건 어떻게 먹으면 됩니까?
これはどうやって食べたらいいですか。
고레와 도- 얏떼 다베따라 이-데스까?

이것은 무슨 고기입니까?
これは何の肉ですか。
고레와 난노 니꾸데스까?

맛이 어떻습니까?
お味のほうがどうですか。
오아지노 호-가 도-데스까?

빵 좀 더 주세요.
パンをもうちょっとください。
빵오 모- 쫃또 구다사이.

물 한 잔 주세요.
水を一杯ください。
미즈오 입빠이 구다사이.

포크[나이프]를 떨어뜨렸습니다.
フォーク[ナイフ]を落としてしまいました。
호-꾸[나이후]오 오또시떼 시마이마시따.

식사

~을 추가로 부탁합니다.
~おかわりお願いします。
~오까와리 오네가이시마스.

혹시 젓가락 있나요?
もし箸あるんですか。
모시 하시 아룬데스까?

술과 음료를 마실 때
お酒と飲み物を飲む

이 요리에는 어떤 와인이 어울립니까?
この料理にはどのワインが当たりますか。
고노 료-리니와 도노 와인가 아따리마스까?

글라스로 주문됩니까?
グラスに注文されるんですか。
구라스니 쮸-몽사레룬데스까?

생맥주는 있습니까?

生ビールはありますか。

나마비-루와 아리마스까?

식사

이 지방의 독특한 술입니까?

この土地の特有のお酒ですか。

고노 도찌노 도꾸유-노 오사께데스까?

어떤 맥주가 있습니까?

どんなビールがありますか。

돈나 비-루가 아리마스까?

음료는 어떻게 하시겠습니까?
飲料はどうなさいますか。
인료-와 도- 나사이마스까?

물만 주세요.
水だけください。
미즈다께 구다사이.

뭔가 먹을 것은 없습니까?
何か食べる物はありますか。
나니까 다베루 모노와 아리마스까?

이건 어떤 술입니까?
これはどんなお酒ですか。
고레와 돈나 오사께데스까?

맥주가 별로 차갑지 않네요.
ビールがあまり冷えていません。
비-루가 아마리 히에떼 이마셍.

건배!
乾杯!
감빠이!

한 잔 더 주세요.

もう一杯(いっぱい)ください。

모- 입빠이 구다사이.

한 병 더 주세요.

もう一本(いっぽん)おかわりください。

모- 입뽕 오까와리 구다사이.

생수 좀 주세요.

ミネラルウォーターをください。

미네라루워-따-오 구다사이.

문제가 생겼을 때
問題が起こった時

식사

주문한 게 아직 안 나왔습니다.
注文したものがまだ来ていません。
쥬-몬시따 모노가 마다 기떼 이마셍.

조금 서둘러 주시겠어요?
すこし急いでくれます。
스꼬시 이소이데 구다사이.

주문을 취소하고 싶은데요.
注文をキャンセルしたいのですが。

쥬-몽오 캰세루 시따이노데스가.

주문을 바꿔도 되겠습니까?
注文を変えてもいいですか。

쥬-몽오 가에떼모 이-데스까?

이건 주문하지 않았는데요.
これは注文していませんが。

고레와 쥬-몬시떼 이마셍가.

새것으로 바꿔 주세요.
新しいのと取り替えてください。
아따라시-노또 도리까에떼 구다사이.

식사

수프에 뭐가 들어 있습니다.
スープに何か入っています。
스-뿌니 나니까 하잇떼 이마스.

지배인과 이야기할 수 있습니까?
マネージャーと話すことができますか。
마네쟈-또 하나스 고또가 데끼마스까.

패스트푸드점에서
ファーストフード店で

이 근처에 패스트푸드점은 있습니까?
この近くにファーストフード店はありますか。
고노 지까꾸니 화-스또후-도뗑와 아리마스까?

햄버거하고 커피 주세요.
ハンバーガーとコーヒーください。
함바-가-또 고-히- 구다사이.

어떤 사이즈로 하시겠습니까?

どのサイズにしますか。

도노 사이즈니 시마스까?

식사

이것을 주세요.

これをください。

고레오 구다사이.

여기서 드시겠습니까, 가지고 가실 겁니까?

こちらで召し上がりますか、それともお持ち帰りですか。

고찌라데 메시아가리마스까, 소레또모 오모찌카에리데스까?

여기서 먹겠습니다.
ここで食べます。

고꼬데 다베마스.

가지고 갈 거예요.
持って帰ります。

몯떼 가에리마스.

이 자리에 앉아도 됩니까?
この席に座ってもいいですか。

고노 세끼니 스왇떼모 이-데스까?

식비를 계산할 때
食費を計算する

식사

어디서 지불하나요?
どこで払(はら)うのですか。
도꼬데 하라우노데스까?

따로따로 지불하고 싶은데요.
別々(べつべつ)に支払(しはら)いをしたいのですが。
베쯔베쯔니 시하라이오 시따이노데스가.

계산해 주세요.

お勘定お願いします。

오깐죠- 오네가이시마스.

제가 내겠습니다.

私のおごりです。

와따시노 오고리데스.

· おごり 오고리 한턱냄 · おごる 오고루 한턱내다

신용카드도 받나요?

クレジットカードもうけるんですか。

쿠레짇또카-도모 우께룬데스까?

전부 얼마입니까?
全部いくらですか。
젬부 이꾸라데스까?

이 요금은 무엇입니까?
この料金は何ですか。
고노 료-낑와 난데스까?

계산이 틀린 것 같습니다.
計算が違っているようです。
게-상가 찌간떼이루 요-데스.

식당에서 유용한 단어

감자	じゃが芋 쟈가이모
나이프	ナイフ 나이후
냅킨	ナプキン 나뿌낑
닭고기	鶏肉 도리니꾸
돼지고기	豚肉 부따니꾸
쇠고기	牛肉 규-니꾸
메뉴	メニュー 메뉴-
밥, 쌀	ご飯 고항
샐러리	サラリ 살라리
설탕	砂糖 사또-
선택	選択 센따꾸
소금	塩 시오
스푼	スプーン 스뿌-웅
식사	食事 쇼꾸지
아침 겸 점심식사	ブランチ 브란찌
아침식사	朝食 쬬-쇼꾸
야채수프	野菜スープ 야사이스-뿌

예약석	リザーブ・シート 리자-브 시또
요리	料理 료-리
자리요금	席料金 세끼료-낑
잔	コップ 곱뿌
재떨이	灰皿 하이자라
저녁식사	夕食 유-쇼꾸
점심식사	昼食 쮸-쇼꾸
접시	さら 사라
젓가락	箸 하시
정식	定食 데-쇼꾸
주문	注文 쮸-몽
카운터	カウンター 카운따-
포크	フォーク 호-꾸
커피	コーヒー 코-히-
칵테일	カクテル 가꾸떼루
차	茶 챠
후추	こしょう 고쇼-

관광
観光

관광 가이드

관광안내소에서 観光案内所で

투어를 이용할 때 ツアーに参加する

관광지에서 観光スポットで

관람을 할 때 観覧する

사진을 찍을 때 写真を撮る

오락을 즐길 때 娯楽を楽しむ

스포츠를 즐길 때 スポーツを楽しむ

관광·스포츠에서 유용한 단어

관광 가이드

★ 관광을 나서기 전에

관광을 하기 전 현지 호텔이나 관광 안내소에서 그 도시에 관한 지도와 시내 지도를 입수한다. 이 지도에는 보통 관광 요령과 관광 명소 등이 수록되어 있으므로, 흥미 있는 곳을 체크하면서, 한정된 체류 기간 안에 어떻게 효율적으로 볼 것인가를 생각한다. 시간이 별로 없을 경우에는 관광버스를 타고 돌면서 대충의 윤곽과 물정을 익힌 뒤, 마음에 드는 곳을 중점적으로 돌아보는 것도 하나의 방법이다. 그저 막연히 거리를 쏘다녀 보는 것도 좋지만, 취미나 목적에 따라 계획을 세우면 더욱 즐거운 여행이 될 것이다.

★ 일본의 주요 관광지

도쿄(東京) 일본의 수도이며 세계적 대도시인 동경은 정치·경제·행정·교육·문화·교통의 중심지로서 일본의 과거와 현대가 공존하는 곳이다. 전자상가와 젊은이의 거리로 유명한 신주쿠(新宿), 미래형 도시 이케부쿠로(池袋), 젊음을 대표하는 시부야(渋谷)와 하라주쿠(原宿), 국립박물관과 민속박물관이 있는 우에노(上野), 일본다운 정서와 분위기를 느낄 수 있는 아사쿠사(浅草), 전기와 전자제품의 할인상가로 구성된 아키하바라(秋葉原), 고서점과 학생가로 유명한 간다(神田), 일류 호텔과 대사관이 많은 아카사카(赤坂)와 롯폰기(六本木), 그리고 도쿄디즈니랜드가 있다.

오사카(大阪) 일본 제2의 도시인 오사카는 오래전부터 긴키(近畿) 지방의 중심 상업 도시로 유명하다. 하지만 나라(奈良)나 교토(京都) 등에 비해 문화 유적은 많지 않은 편이다. 간사이국제공항 오픈으로 새롭게 발돋움하고 있으며, 명소로는 도톤보리(道頓堀), 덴노지(天王寺) 등이 있다.

교토(京都) 일본 혼슈의 중서부에 위치하고 있으며, 몇 세기에 걸쳐 경제를 축적해 온 교토는 일본에서 가장 큰 경제력을 가지게 되었다. 미술공예품, 전통예식에 이르기까지 주목받을 만한 문화 유산을 보존하고 있다. 일본 국보와 문화재의 20%는 교토부에 집중되어 있으며, 일본 예술의 실질적 중심지라고 할 수 있다.

관광안내소에서
観光案内所で

관광안내소는 어디에 있습니까?
観光案内所はどこですか。
강꼬-안나이쇼와 도꼬데스까?

이 도시의 관광안내 팸플릿이 있습니까?
この町の観光案内パンフレットはありますか。
고노 마찌노 강꼬-안나이 팡후렌또와 아리마스까?

무료 시내지도가 있습니까?
無料の市街地図はありますか。
무료-노 시가이찌즈와 아리마스까?

관광지도를 주세요.
観光地図をください。
강꼬-찌즈오 구다사이.

여기서 볼 만한 곳을 알려 주세요.
ここの見どころを教えてください。
고꼬노 미도꼬로오 오시에떼 구다사이.

당일치기로 어디에 갈 수 있습니까?
日帰りではどこへ行けますか。
히가에리데와 도꼬에 이께마스까?

경치가 좋은 곳을 아십니까?
景色がいいところをご存じですか。
게시끼가 이ー 도꼬로오 고존지데스까?

여기서 표를 살 수 있습니까?
ここで切符が買えますか。
고꼬데 깁뿌가 가에마스까?

할인 티켓은 있나요?
割引チケットはありますか。
와리비끼 찌껜또와 아리마스까?

뭔가 축제를 하고 있나요?
何かお祭りはやっていますか。
낭까 오마쯔리와 얃떼 이마스까?

여기서 멉니까?
ここから遠いですか。
고꼬까라 도-이데스까?

여기서 걸어서 갈 수 있습니까?
ここから歩いて行けますか。
고꼬까라 아루이떼 이께마스까?

왕복으로 어느 정도 시간이 걸립니까?
往復でどのくらい時間がかかりますか。
오-후꾸데 도노 꾸라이 지깡가 가까리마스까?

버스로 갈 수 있습니까?
バスで行けますか。
바스데 이께마스까?

투어를 이용할 때
ツアーに参加する

어떤 투어가 있습니까?

どんなツアーがありますか。

돈나 쯔아-가 아리마스까?

투어는 매일 있습니까?

ツアーは毎日(まいにち)ありますか。

쯔아와 마이니찌 아리마스까?

관광

야간 관광이 있습니까?
ナイトツアーはありますか。
나이또 쓰아ー와 아리마스까?

투어는 몇 시간 걸립니까?
ツアーは何時間かかりますか。
쯔아ー와 난지깡 가까리마스까?

몇 시에 출발합니까?
出発は何時ですか。
슙빠쯔와 난지데스까?

어디서 출발합니까?
どこから出ますか。

도꼬까라 데마스까?

한국어 가이드가 있나요?
韓国語ガイドはあるんですか。

강꼬꾸고 가이도와 아룬데스까?

여기서 관광여행을 신청할 수 있습니까?
ここで観光旅行を申し込むことができますか。

고꼬데 강꼬-료꼬-오 모-시꼬무 고또가 데끼마스까?

관광지에서
観光スポットで

여기서 얼마나 머뭅니까?
ここでどのくらい止まりますか。
고꼬데 도노 쿠라이 도마리마스까?

몇 시에 버스로 돌아오면 됩니까?
何時にバスに戻ってくればいいですか。
난지니 바스니 모돋떼꾸레바 이-데스까?

저것은 무엇입니까?
あれは何ですか。
아레와 난데스까?

저 건물은 무엇입니까?
あの建物は何ですか。
아노 다떼모노와 난데스까?

누가 살았습니까?
たれが暮したんですか。
다레가 구라시딴데스까?

언제 세워졌습니까?
いつごろ建(た)てられたのですか。
이쯔고로 다떼라레따노데스까?

퍼레이드는 언제 있습니까?
パレードはいつありますか。
파레-도와 이쯔 아리마스까?

벼룩시장 같은 것이 있나요?
フリーマーケットみたいなことはあるんですか。
후리-마-껟또 미따이나 고또와 아룬데스까?

관람을 할 때
観覧する

티켓은 어디서 삽니까?
チケットはどこで買えますか。
치껫또와 도꼬데 가에마스까?

입장료는 얼마입니까?
入場料はいくらですか。
뉴-죠-료-와 이꾸라데스까?

단체할인은 있습니까?
団体割引はありますか。
단따이와리비끼와 아리마스까?

이 티켓으로 모든 전시를 볼 수 있습니까?
このチケットですべての展示が見られますか。
고노 치껫또데 스베떼노 덴지가 미라레마스까?

무료 팸플릿은 있습니까?
無料のパンフレットはありますか。
무료-노 팡후렏또와 아리마스까?

짐을 맡아 주세요.
荷物を預かってください。
니모쯔오 아즈깐떼 구다사이.

관내를 안내할 가이드는 있습니까?
館内を案内するガイドはありますか。
간나이오 안나이스루 가이도와 아리마스까?

이 그림은 누가 그렸습니까?
この絵は誰が描いたのですか。
고노 에와 다레가 가이따노데스까?

그 박물관은 오늘 엽니까?
その博物館は今日開いていますか。
소노 하꾸부쯔깡와 쿄- 아이떼 이마스까?

재입관할 수 있습니까?
再入館できますか。
사이뉴-깐 데끼마스까?

내부를 견학할 수 있습니까?
内部を見学することができますか。
나이부오 겡가꾸스루 고또가 데끼마스까?

오늘밤에는 무엇을 상영합니까?

今夜の出し物は何ですか。

공야노 다시모노와 난데스까?

오늘 표가 아직 있습니까?

今日切符はまだありますか。

쿄- 킵뿌와 마다 아리마스까?

몇 시에 시작됩니까?

何時に始まりますか。

난지니 하지마리마스까?

사진을 찍을 때
写真を撮る

여기서 사진을 찍어도 됩니까?

ここで写真を撮ってもいいですか。

고꼬데 샤싱오 돋떼모 이-데스까?

비디오 촬영을 해도 됩니까?

ビデオ撮影してもいいですか。

비데오 사쯔에-시떼모 이-데스까?

함께 사진을 찍으시겠습니까?
一緒に写真を撮ってもらえませんか。
잇쇼니 샤싱오 돋떼 모라에마셍까?

여기서 우리를 찍어 주십시오.
ここから私たちを写してください。
고꼬까라 와따시따찌오 우쯔시떼 구다사이.

한 장 더 부탁합니다.
もう一枚お願いします。
모- 이찌마이 오네가이시마스.

나중에 사진을 보내드리겠습니다.
あとで写真を送ります。
아또데 샤싱오 오꾸리마스.

실례지만, 당신을 찍어도 됩니까?
すみませんが、あなたを撮ってもいいですか。
스미마셍가, 아나따오 돋떼모 이-데스까?

건전지는 어디서 살 수 있나요?
乾電池はどこで買うことができるんですか。
간덴찌와 도꼬데 가우 고또가 데끼룬데스까?

오락을 즐길 때
娯楽を楽しむ

좋은 나이트클럽이 있나요?

いいナイトクラブはありますか。

이- 나이또꾸라부와 아리마스까?

이건 무슨 쇼입니까?

これはどんなショーですか。

고레와 돈나 쇼-데스까?

관광

함께 춤추시겠어요?
一緒に踊りませんか。
잇쇼니 오도리마셍까?

근처에 가라오케가 있습니까?
ちかくにからオケはありますか。
지까꾸니 가라오께와 아리마스까?

파친코는 몇 시부터 합니까?
パチンコは何時からですか。
파찡꼬와 난지까라데스까?

좋은 파친코 가게를 소개해 주시겠어요?

いいパチンコ屋を紹介してください。

이- 파찡꼬야오 쇼-까이시떼 구다사이.

구슬은 어떻게 바꿉니까?

玉はどうやって交換しますか。

다마와 도-얏떼 고-간시마스까?

가방을 맡아 주시겠습니까?

かばんをあずかってくださいませんか。

가방오 아즈깟떼 구다사이마셍까?

스포츠를 즐길 때
スポーツを楽しむ

농구시합을 보고 싶은데요.
バスケットボール試合を見たいですが。
바스껟또보-루 시아이오 미따이데스가.

오늘 경기할 수 있습니까?
今日競技することができますか。
쿄- 꾜-기스루 고또가 데끼마스까?

테니스를 하고 싶은데요.

テニスをしたいですが。

테니스오 시따이데스가.

골프 예약을 하고 싶은데요.

ゴルフ予約をお願いします。

고루후 요야꾸오 오네가이시마스.

이 호텔에 테니스코트는 있습니까?

このホテルにテニスコートはありますか。

고노 호떼루니 테니스꼬-또와 아리마스까?

관광·스포츠에서 유용한 단어

한국어	일본어	발음
개시 시간	開始時間	가이시지깡
공연	公演	고-엔
공원	公園	고-엔
관광	観光、ツアー	강꼬-, 쯔아-
관광지도	観光地図	강꼬-찌즈
극장	劇場	게끼죠-
낮 공연	昼公演	히루코-엔
농구	バスケットボール	바스껫또보-루
대인, 어른	大人、おとな	다이징, 오또나
도박	賭博	도바꾸
매진	売り切れ	우리끼레
미술관	美術館	비쥬쯔깡
박물관	博物館	하꾸부쯔깡
밤 공연	夜公演	요루꼬-엔
배구	排球、バレーボール	하이뀨-, 바레-보-루
사용료	使用量	시요우료-
사원, 절	寺	테라

사진	写真 しゃしん	샤싱
수도	首都 しゅと	슈또
역사 유적지	歴史遺跡地 れきしいせきち	레끼시이세끼찌
예매	前売り まえうり	마에우리
온천	温泉 おんせん	온셍
유람선	遊覧船 ゆうらんせん	유-란셍
유원지	遊園地 ゆうえんち	유-엔찌
유흥가	花町 はなまち	하나마찌
입석	立ち席 たちせき	다찌세끼
입장권	入場券 にゅうじょうけん	뉴-죠-껭
자유시간	自由時間 じゆうじかん	지유-지깡
전람회, 박람회	展覧会、博覧会 てんらんかい、はくらんかい	덴란까이, 하꾸란까이
종료시간	終了時間 しゅうりょうじかん	슈-료-지깡
지정석, 예약석	指定席 していせき	시떼-세끼
축제	祭り、祝祭 まつり、しゅくさい	마쯔리, 슈꾸사이
표	切符、チケット きっぷ	깁뿌, 치껫또
하루관광	一日観光 いちにちかんこう	이찌니찌강꼬-

233

쇼핑
ショッピング

쇼핑 가이드

가게를 찾을 때 店を探す

물건을 찾을 때 品物を探す

물건을 고를 때 品物を見てもらう

백화점·면세점에서 デパート・免税店で

물건값을 흥정할 때 値引きの交渉

포장·배달 包装·配達

배송·교환·반품·환불
配送·交換·返品·払い戻し

쇼핑에서 유용한 단어

쇼핑 가이드

★ 쇼핑에 관한 정보

짧은 시간에 효율적인 쇼핑을 하려면 살 물건의 리스트를 미리 만들어 둔다. 또 각 도시의 명산물과 선물 품목 및 상점가의 위치 등을 미리 조사해 두면 좋다.
양주·담배·향수 등은 공항 면세점에서 싸게 살 수 있으므로, 맨 마지막에 공항에서 사도록 한다. 한정된 시간이긴 하지만 충동적이거나 성급하게 구매하지 말고, 값이 싼 물건은 별 문제 없지만 값이 비싼 물건은 가게에 따라 값도 매우 다르므로, 몇 집 다녀본 뒤 좋은 것을 선택하는 것이 바람직하다. 특히 보석이나 시계는 신뢰할 만한 가게에서 사도록 해야 한다.
백화점이나 고급 상점은 별도지만, 일반적인 선물 가게나 노점 같은 데서는 값을 깎아도 실례가 되지 않는다. 시장에서는 흥정을 해보는 것도 괜찮다.

★ 영업 시간

일본의 일반 점포 및 가게들은 토·일요일과 국경일에도 아침 열 시부터 오후 여덟 시까지 문을 연다. 백화점은 평일 하루만 정기 휴일인데, 날짜는 백화점마다 다르다. 전문점에 따라서는 일요일이나 국경일에 영업을 하지 않는 경우도 있다.
그리고 일본의 백화점 역시 우리나라처럼 일반 상점보다 한 시간 정도 일찍 문을 닫는데, 대략 오후 일곱 시에 폐점한다.

★ 소비세
일본에서는 1987년 4월 1일부터 모든 제품과 서비스에 5%의 소비세를 부과하고 있어서, 제품 가격에 5%를 더해서 계산해야 한다. 이것은 식당에서 음식을 먹을 경우에도 마찬가지이다. (2014년 4월부터 소비세 8%로 인상됨)
그러나 외국인은 지정된 면세점에서 합계 10,000엔 이상의 물건을 샀을 경우 소비세 면세 혜택이 주어진다. 이때는 여권을 제시하고 상점에서 써주는 확인서를 받아 두는 것이 좋다. 하지만 신주쿠나 아키하바라의 할인 상점들은 물건값이 면세점보다 싸므로, 소비세는 별로 신경 쓰지 않아도 된다.

가게를 찾을 때
店を探す

쇼핑 가이드는 있나요?

ショッピングガイドはありますか。

숍핑구 가이도와 아리마스까?

선물은 어디서 살 수 있습니까?

おみやげはどこで買(か)えますか。

오미야게와 도꼬데 가에마스까?

면세점은 있습니까?
免税店はありますか。
멘제-뗑와 아리마스까?

이 주변에 백화점은 있습니까?
この辺りにデパートはありますか。
고노 아따리니 데빠-또와 아리마스까?

편의점을 찾고 있습니다.
コンビニを探しています。
콤비니오 사가시떼 이마스.

• コンビニ 콤비니 24시간 영업하는 소형 슈퍼, 편의점

이 주변에 할인점은 있습니까?

この辺りにディスカウントショップは
ありますか。

고노 아따리니 디스까운또숍뿌와 아리마스까?

그건 어디서 살 수 있나요?

それはどこで買えますか。

소레와 도꼬데 가에마스까?

여기서 가까운 쇼핑센터는 어디입니까?

ここでちかいショッピングセンターは
どこですか。

고꼬데 지까이 숍삥구센따ー와 도꼬데스까?

물건을 찾을 때
品物を探す

여기 잠깐 봐주시겠어요?

ちょっとよろしいですか。

쵸또 요로시-데스까?

쇼핑

무얼 찾으십니까?

何かお探しですか。

나니까 오사가시데스까?

운동화를 사고 싶은데요.
運動靴を買いたいですが。
운도-구쯔오 가이따이데스가.

아내에게 선물할 것을 찾고 있습니다.
妻へのプレゼントを探しています。
쯔마에노 뿌레젠또오 사가시떼 이마스.

캐주얼한 것을 찾고 있습니다.
カジュアルなものを探しています。
카쥬아루나 모노오 사가시떼 이마스.

저걸 보여 주세요.

あれを見せてください。

아레오 미세떼 구다사이.

이것과 같은 것은 있습니까?

これと同じものはありますか。

고레또 오나지 모노와 아리마스까?

이것뿐입니까?

これだけですか。

고레다께데스까?

마음에 드는 것이 없습니다.

気にいるのがないです。

기니 이루 노가 나이데스.

그걸 봐도 될까요?

それを見てもいいですか。

소레오 미떼모 이-데스까?

몇 가지 보여 주세요.

いくつか見せてください。

이꾸쯔까 미세떼 구다사이.

다른 것을 보여 주시겠어요?
別のものを見せていただけますか。
베쯔노 모노오 미세떼 이따다께마스까?

더 품질이 좋은 것은 없습니까?
もっと質のいいのはありませんか。
몯또 시쯔노 이-노와 아리마셍까?

잠깐 다른 것을 보겠습니다.
ちょっと他のものを見てみます。
쫃또 호까노 모노오 미떼미마스.

물건을 고를 때
品物を見てもらう

무슨 색이 있습니까?
何色(なにいろ)がありますか。
나니이로가 아리마스까?

너무 화려[수수]합니다.
派手(はで)[地味(じみ)]すぎます。
하데[지미]스기마스.

더 화려한 것은 없습니까?
もっと派手なことはありますか。
몯또 하데나 고또와 아리마스까?

이 색은 좋아하지 않습니다.
この色は好きではないです。
고노 이로와 스끼데와 나이데스.

다른 스타일은 있습니까?
他の型はありますか。
호까노 가따와 아리마스까?

어떤 디자인이 유행하고 있습니까?
どんなデザインが流行していますか。
돈나 데자잉가 류-꼬-시떼 이마스까?

이런 디자인은 좋아하지 않습니다.
こんなデザインは好きではないです。
곤나 데자잉와 스끼데와 나이데스.

어떤 사이즈를 찾으십니까?
どのサイズをお探しですか。
도노 사이즈오 오사가시데스까?

사이즈는 이것뿐입니까?

サイズはこれだけですか。

사이즈와 고레다께데스가?

제 사이즈를 모르겠는데요.

私のサイズが分からないですが。

와따시노 사이즈가 와까라나이데스가.

사이즈를 재주시겠어요.

サイズをはかってください。

사이즈오 하깓떼 구다사이.

더 큰 것은 있습니까?
もっと大きいのはありますか。
몯또 오-끼-노와 아리마스까?

재질은 무엇입니까?
材質は何ですか。
자이시쯔와 난데스까?

입어봐도 될까요?
試着してみてもいいでしょうか。
시쨔꾸시떼 미떼모 이-데쇼-까?

백화점 · 면세점에서
デパート・免税店で

여성용 매장은 몇 층에 있습니까?
女性用売り場は何階にありますか。
죠세-요- 우리바와 낭까이니 아리마스까?

화장품은 어디서 살 수 있습니까?
化粧品はどこで買うことができますか。
게쇼-힝와 도꼬데 가우 고또가 데끼마스가?

세일하는 물건을 찾고 있습니다.
バーゲン品を探しています。
바-겐힝오 사가시떼 이마스.

신상품은 어느 것입니까?
新商品はどれですか。
신쇼-힝와 도레데스까?

이것은 어느 브랜드입니까?
これはどのブランドですか。
고레와 도노 부란도데스까?

면세점은 어디에 있습니까?
免税店はどこにありますか。
멘제-뗑와 도꼬니 아리마스까?

얼마까지 면세가 됩니까?
いくらまで免税になりますか。
이꾸라마데 멘제-니 나리마스까?

특산품으로는 무엇이 있습니까?
特産品ではなにがありますか。
도꾸산힝데와 나니가 아리마스까?

물건값을 흥정할 때
値引きの交渉

계산은 어디서 합니까?
会計はどちらですか。
かいけい
가이께-와 도찌라데스까?

전부 얼마입니까?
全部いくらですか。
ぜんぶ
젬부 이꾸라데스까?

하나에 얼마입니까?
1つ、いくらですか。
히또쯔, 이꾸라데스까?

이건 세일 중입니까?
これはセール中ですか。
고레와 세-루쮸-데스까?

쇼핑

세금이 포함된 가격입니까?
税金は含まれた額ですか。
제-낑와 후꾸마레따 가꾸데스까?

너무 비쌉니다.
高過ぎます。
다까 스기마스.

깎아 주시겠어요?
負けてくれますか。
마께떼 구레마스까?

더 싼 것은 없습니까?
もっと安い物はありませんか。
몯또 야스이 모노와 아리마셍까?

깎아 주면 사겠습니다.
負けてくれたら買います。
마께떼 구레따라 가이마스.

얼마면 됩니까?

いくらならできますか。
이꾸라나라 데끼마스까?

생각했던 것보다 값이 비싼데요.
思ったより値段が高いですよ。
오몯따요리 네당가 다까이데스요.

지불은 어떻게 하시겠습니까?
お支払いはどうなさいますか。
오시하라이와 도- 나사이마스까?

카드도 됩니까?
カードもなりますか。
카-도모 나리마스까?

영수증을 주시겠어요?
領収書をいただけますか。
료-슈-쇼오 이따다께마스까?

포장 · 배달
包装・配達

봉지를 주시겠어요?
袋をいただけますか。
후꾸로오 이따다께마스까?

이걸 선물용으로 포장해 주시겠어요?
これをギフト用に包んでもらえますか。
고레오 기후또요-니 쯔쯘데 모라에마스까?

쇼핑

따로따로 포장해 주세요.
別々に包んでください。
베쯔베쯔니 쯔쯘데 구다사이.

이거 넣을 박스 좀 얻을 수 있나요?
これを入れるボックスをいただけますか。
고레오 이레루 복꾸스오 이따다께마스까?

이걸 호텔까지 갖다 주시겠어요?
これをホテルまで届けてもらえますか。
고레오 호떼루마데 도도께떼 모라에마스까?

이 주소로 이것을 배달해 주시겠어요?
この住所でこれを配達してください。
고노 쥬-쇼데 고레오 하이따쯔시떼 구다사이.

언제 배달해 주시겠습니까?
いつ配達してくださいませんか。
이쯔 하이따쯔시떼 구다사이마셍까?

별도로 요금이 듭니까?
別料金がかかりますか。
베쯔료-낑가 가까리마스까?

배송 · 교환 · 반품 · 환불
配送・交換・返品・払い戻し

이 주소로 보내 주세요.
この住所に送ってください。
고노 쥬-쇼니 오꿋떼 구다사이.

다른 것으로 바꿔 주시겠어요?
別の物と取り替えていただけますか。
베쯔노 모노또 도리까에떼 이따다께마스까?

반품하고 싶은데요.
返品<ruby>へんぴん</ruby>したいのですが。
헴삥시따이노데스가.

환불해 주시겠어요?
返金<ruby>へんきん</ruby>してもらえますか。
헹낀시떼 모라에마스까?

영수증은 여기 있습니다.
領収書<ruby>りょうしゅうしょ</ruby>はこれです。
료-슈-쇼와 고레데스.

쇼핑에서 유용한 단어

견본	サンプル、見本 삼뿌루, 미홍
계산	計算 게이상
교환	交換 고-깡
귀금속점	貴金属店 기낑조꾸땡
기념품	記念品 기넹힝
남성복	男性服、メンズ・ウェア 단세-후꾸, 멘즈웨아
담배	たばこ 다바꼬
매장	売り場 우리바
면세점	免税店 멘제-땡
목걸이	首飾り 구비까자리
문구점	文房具店 분보-구땡
바겐세일	バーゲンセール 바-겐세-루
백화점	デパート 데빠-또
벼룩시장	フリーマーケット 후리-마-껟또
보석	宝石 호-세끼
보증서	保証書 호쇼-쇼
부인[여성]복	婦人服 후징후꾸

선물	プレゼント、お土産	푸레젠또, 오미야게
세금	税金	세-낑
슈퍼마켓	スーパー	스-빠-
스포츠용품	スポーツ用品	스뽀-쯔요-힝
신사복	紳士服	신시후꾸
신용카드	クレジットカード	쿠레짇또카-도
아동복	児童服	지도-후꾸
영업시간	営業時間	에이-교-지깡
완구점	玩具店	강구뗑
잔돈	小銭	고제니
장난감	玩具、おもちゃ	강구, 오모쨔
치수	サイズ、寸法	사이즈, 슴뽀-
할인	割引	와리비끼
현금	現金	겡낑
화장품	化粧品	게쇼-힝
환불	払い戻し	하라이모도시

트러블
トラブル

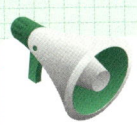

안전 대책 가이드

일본어를 잘 모를 때 日本語では分からない

난처한 상황에 빠졌을 때 困った時

물건의 분실·도난 忘れ物・盗難

교통사고가 났을 때 交通事故

몸이 아파서 병원에 갈 때 病院へ行く

긴급 상황에서 유용한 단어

안전 대책 가이드

★ 아플 때

여행을 떠나기 전에 미리 건강 상태를 체크해 보는 것이 좋다. 건강한 사람이라도 여행 중에는 환경 변화와 피로로 인해 질병을 얻기 쉬우므로, 혹시라도 만성적인 질환을 가지고 있다면 검사를 받아보는 것이 안전하다. 외국에서도 우리와 마찬가지로 의사의 처방전이 없이는 약을 살 수 없는 경우가 많으므로, 간단한 상비 약품 정도는 준비해 두는 것이 좋다. 만성 질환이 있는 사람이라면 국내의 의사에게 영어로 된 처방전을 받아서 가지고 가는 게 좋다. 만일의 경우 여행지의 의사에게 보이고 처방전을 받아야 할 일이 생길 수도 있기 때문이다.

★ 여권을 분실했을 때

1. 가까운 경찰서에서 POLICE REPORT(분실증명 확인서)를 받는다.
2. 현지 공관(한국 영사관)에 가서 다음과 같은 서류를 발급 받는다.

- 사진
- 여권 분실증명서
- 여권번호와 발행 연월일
- 여행증명서(Travel Certificate)
- 입국 증명서(입국 증명이 되지 않으면 출국할 수 없는 경우가 있음)

여행증명서만으로는 다음 여행이 불가능하므로 바로 귀국해야 한다. 계속 여행할 시는 경유지란에 다음 목적지를 명기해 계속 여행할 수 있도록 한다. 이 경우 다음 여행국의 VISA 관련 사항도 확인하여 VISA가 필요할 때는 현지에서 다음 여행국의 VISA를 받을 수 있도록 한다. 여권 분실로 인한 입국 확인(입국 STAMP)을 위해 사전에 또는 공항에서 출국할 때 입국 STAMP를 받을 수 있는지를 확인해야 한다.

일본어를 잘 모를 때
日本語では分からない

일본어를 할 줄 압니까?
日本語は話せますか。
니홍고와 하나세마스까?

일본어는 할 줄 모릅니다.
日本語は話せません。
니홍고와 하나세마셍.

한국어를 할 수 있는 사람이 있습니까?

韓国語の話せる人はいますか。

강꼬꾸고노 하나세루 히또와 이마스까?

통역을 부탁하고 싶은데요.

通訳を頼みたいですが。

쯔-야꾸오 다노미따이데스가.

한국어판은 있습니까?

韓国語版はありますか。

강꼬꾸고항와 아리마스까?

좀더 천천히 말씀해 주세요.

もっとゆっくり話(はな)してください。

몯또 육꾸리 하나시떼 구다사이.

써주세요.

書(か)いてください。

가이떼 구다사이.

한국대사관에 연락해 주세요.

韓国大使館(かんこくたいしかん)に連絡(れんらく)してください。

강꼬꾸따이시깐니 렌라꾸시떼 구다사이.

난처한 상황에 빠졌을 때
困った時

문제가 생겼습니다.
困っています。
고맛떼 이마스.

지금 무척 난처합니다.
今すごく困ります。
이마 스고꾸 고마리마스.

무슨 좋은 방법은 없을까요?
何^{なん}かいい方法^{ほうほう}はないですか。
낭까 이- 호-호-와 나이데스까?

어떻게 하면 좋을까요?
どうすればいいでしょうか。
도- 스레바 이-데쇼-까?

화장실은 어디죠?
トイレはどこでしょうか。
토이레와 도꼬데쇼-까?

무엇을 원하세요?

なにがほしいですか。

나니가 호시-데스까?

알겠습니다. 다치지 않게 해주세요.

分かりました。けがをするにしないでください。

와까리마시따. 케가오 스루니 시나이데 구다사이.

시키는 대로 할게요.

いうとおりにしますよ。

이우 도오리니 시마스요.

잠깐! 뭘 하는 겁니까?
ちょっと！何してるんですか。
죧또! 나니 시떼룬데스까?

그만 두세요.
やめてください。
야메떼 구다사이.

만지지 말아요!
触らないで！
사와라나이데!

저리 가!

あちらが!

아찌라가!

가까이 오지 말아요!

みぢかに来ないでね!

미지까니 기나이데네!

경찰을 부르겠다!

警察を呼ぶ!

게-사쯔오 요부!

물건의 분실 · 도난
忘れ物 · 盗難

분실물 취급소는 어디에 있습니까?

遺失物係はどこですか。

이시쯔부쯔가까리와 도꼬데스까?

여권을 잃어버렸습니다.

パスポートをなくしました。

파스뽀ー또오 나꾸시마시따.

어디서 잃어버렸는지 기억이 안 납니다.
どこでなくしたか覚えていません。

도꼬데 나꾸시따까 오보에떼 이마셍.

멈춰! 도둑이야!
待て! どろぼう!

마떼! 도로보-!

저놈이 내 가방을 뺏어갔어요!
あいつが私のかばんを奪いました。

아이쯔가 와따시노 가방오 우바이마시따.

지갑을 소매치기 당했어요!
財布をすられました!
사이후오 스라레마시따!

경찰에 신고해 주시겠어요?
警察に届けてもらえますか。
게-사쯔니 도도께떼 모라에마스까?

누가 좀 빨리 와 주십시오.
だれがちょっと速く来てください。
다레가 쫃또 하야꾸 기떼 구다사이.

교통사고가 났을 때
交通事故

교통사고를 당했습니다.
交通事故にあいました。
고—쯔—지꼬니 아이마시따.

구급차를 불러 주세요.
救急車を呼んでください。
큐—큐—샤오 욘데 구다사이.

다친 사람이 있습니다.
ケガ人がいます。

게가닝가 이마스.

병원으로 데리고 가 주시겠어요?
病院まで連れて行っていただけますか。

뵤-인마데 쓰레떼 잇떼 이따다께마스까?

렌터카 회사로 연락해 주시겠어요?
レンタカー会社に連絡いただいてください。

렌따까-카이샤니 렌라꾸이따다이떼 구다사이.

사고를 냈습니다.
事故を起こしました。
지꼬오 오꼬시마시따.

사고증명서를 써 주시겠어요?
事故証明書を書いてもらえますか。
지꼬쇼-메이쇼오 가이떼 모라에마스까?

나는 잘못이 없습니다.
私は過ちがないです。
와따시와 아야마찌가 나이데스.

몸이 아파서 병원에 갈 때
病院へ行く

의사를 불러 주세요.
医者を呼んでください。
이샤오 욘데 구다사이.

진료 예약을 하고 싶은데요.
診療の予約を取りたいのですが。
신료-노 요야꾸오 도리따이노데스가.

한국어를 아는 의사가 있나요?
韓国語の話せる医師はいますか。
강꼬꾸고노 하나세루 이샤와 이마스까?

열이 있습니다.
熱があるのです。
네쯔가 아루노데스.

몸 상태는 어떻습니까?
調子はどうですか。
죠-시와 도-데스까?

여기가 아픕니다.
ここが痛いのです。

고꼬가 이따이노데스.

다쳤습니다.
怪我をしました。

게가오 시마시따.

이건 한국 의사가 쓴 것입니다.
これは韓国の医者が書いたものです。

고레와 강꼬꾸노 이샤가 가이따 모노데스.

진단서를 써 주세요.
診断書を書いてください。

신단쇼오 가이떼 구다사이.

예정대로 여행을 해도 괜찮겠습니까?
予定どおりに旅行してもかまわないですか。

요떼- 도-리니 료꼬-시떼모 가마와나이데스까?

이 처방전 약을 주세요.
この処方箋の薬をください。

고노 쇼호-센노 구스리오 구다사이.

긴급 상황에서 유용한 단어

간호사	看護婦(かんごふ)	캉고후
감기	風邪(かぜ)	가제
건강[의료]보험	健康保険(けんこうほけん)	겡코-호껭
검사	検査(けんさ)	켄사
경찰	警察(けいさつ)	케-사쯔
교통사고	交通事故(こうつうじこ)	코-쯔-지꼬
구급차	救急車(きゅうきゅうしゃ)	큐-큐-샤
내과	内科(ないか)	나이까
도난	盗難(とうなん)	토-낭
두통	頭痛(ずつう)	즈쯔-
병원	病院(びょういん)	뵤-잉
사고	事故(じこ)	지꼬
생리	生理(せいり)	세-리
설사	下痢(げり)	게리
소매치기	すり	스리
소변	小便(しょうべん)	쇼-벵
식중독	食中毒(しょくちゅうどく)	쇼꾸쮸-도꾸

싸움	戦(たたか)い 다따까이
약	薬(くすり) 구스리
연락처	連絡先(れんらくさき) 렌라꾸사끼
열	熱(ねつ) 네쯔
응급처치	応急処置(おうきゅうしょち) 오-뀨-쇼찌
의사	医者(いしゃ) 이샤
입원	入院(にゅういん) 뉴-잉
주사	注射(ちゅうしゃ) 쮸-샤
진단서	診断書(しんだんしょ) 신단쇼
진료예약	診療予約(しんりょうよやく) 신료-요야꾸
진찰	診察(しんさつ) 신사쯔
처방전	処方箋(しょほうせん) 쇼호-셍
체포	逮捕(たいほ) 다이호
피해자	被害者(ひがいしゃ) 히가이샤
한국대사관	韓国大使館(かんこくたいしかん) 강꼬꾸타이시깡
한국영사관	韓国領事館(かんこくりょうじかん) 강꼬꾸료-지깡
환자	患者(かんじゃ) 간쟈

PART 8

귀국
帰国

귀국 가이드

귀국 준비를 할 때
帰りの便の予約・リコンファーム

공항으로 갈 때
空港へ行く

탑승수속을 할 때
搭乗手続き

비행기에 탑승할 때
搭乗する

탑승했을 때
乗った時

귀국·통신과 관련된 유용한 단어

귀국 가이드

★ 짐 정리

출발하기 전에, 맡길 짐과 기내로 가지고 들어갈 짐을 나누어 꾸리고, 구입한 물건의 품명과 금액 등에 대한 목록을 만들어 두면 좋다.

★ 예약 재확인

귀국할 날이 정해지면 미리 좌석을 예약해 두어야 한다. 또 예약을 해두었을 경우에는 출발 예정 시간의 72시간 이전에 예약 재확인을 해야 한다. 그 방법은 항공사 사무소나 공항 카운터에 직접 찾아가거나 아니면 전화로 이름·연락 전화번호·편명·행선지를 말하면 된다. 재확인을 안 하면 예약이 취소되는 경우도 있으므로 주의해야 한다.

★ 출국 수속 절차

귀국 당일은 출발 2시간 전까지 공항에 미리 나가서 체크인을 마쳐야 한다. 출국 절차는 매우 간단하다. 터미널 항공사 카운터에 가서 여권·항공권·출입국카드(입국시 여권에 붙여 놓았던 것)를 제시하면 직원이 출국 카드를 떼어내고 비행기의 탑승권을 준다. 동시에 화물편으로 맡길 짐도 체크인하면 화물 인환증을 함께 주므로 잘 보관해야 한다.

항공권에 공항세가 포함되지 않았을 경우에는 출국 공항세를 지불해야 하는 곳도 있다. 그 뒤는 보안검사와 수화물 X선 검사를 받고 탑승권에 지정되어 있는 탑승구로 가면 된다. 면세품을 사려면 출발 로비의 면세점에서 탑승권을 제시하고 구입하면 된다.

귀국

귀국 준비를 할 때
帰りの便の予約・リコンファーム

인천행을 예약하고 싶은데요.
インチョン行きを予約したいのですが。
인천유끼오 요야꾸시따이노데스가.

내일 비행기를 예약할 수 있습니까?
明日の便の予約はできますか。
아시따노 빈노 요야꾸와 데끼마스까?

다른 비행기는 없습니까?
別の便はありますか。

베쯔노 빙와 아리마스까?

편명과 출발 시간을 알려 주십시오.
便名と出発の時間を教えてください。

빔메-또 슙빠쯔노 지깡오 오시에떼 구다사이.

몇 시까지 탑승 수속을 하면 됩니까?
何時までに搭乗手続きをすればいいですか。

난지마데니 도-죠-떼쯔즈끼오 스레바 이-데스까?

예약을 재확인하고 싶은데요.

リコンファームをしたいのですが。

리꽁화-무오 시따이노데스가.

- リコンファーム 리꽁화-무 항공편 예약 재확인(reconfirm)

성함과 편명을 말씀하십시오.

お名前と便名をどうぞ。

오나마에또 빔메-오 도-조.

무슨 편 몇 시발입니까?

何便で何時発ですか。

나니빈데 난지 하쯔데스까?

한국에서 예약했는데요.
韓国で予約したのですが。
강꼬꾸데 요야꾸시따노데스가.

비행편을 변경할 수 있습니까?
便の変更をお願いできますか。
빈노 헹꼬-오 오네가이 데끼마스까?

10월 9일로 변경하고 싶습니다.
10月9日に変更したいです。
쥬가쯔 고꼬노까니 헹꼬-시따이데스.

귀국

예약을 취소하고 싶은데요.
予約を取り消したいのですが。

요야꾸오 도리께시따이노데스가.

다른 항공사 비행기를 알아봐 주세요.
他の会社の便を調べてください。

호까노 가이샤노 빙오 시라베떼 구다사이.

해약 대기로 부탁할 수 있습니까?
キャンセル待ちでお願いできますか。

캰세루 마찌데 오네가이 데끼마스까?

공항으로 갈 때
空港へ行く

나리타 공항까지 가 주세요.
成田空港までお願いします。
나리따꾸ー꼬ー마데 오네가이시마스.

짐은 몇 개입니까?
荷物は何個ですか。
니모쯔와 낭꼬데스까?

공항까지 어느 정도 걸립니까?
空港までどのぐらいかかりますか。
구-꼬-마데 도노구라이 가까리마스까?

(요금은) 공항까지 얼마입니까?
空港までいくらですか。
구-꼬-마데 이꾸라데스까?

빨리 가 주세요. 늦었어요.
急いでください。遅れているんですか。
이소이데 구다사이. 오꾸레떼 이룬데스까.

기사님, 호텔로 돌아가 주실래요?
運転手さん、ホテルへ戻ってくれませんか。
운뗀슈상, 호떼루에 모돋떼 구레마셍까?

중요한 물건을 두고 나왔습니다.
大事な物を置き忘れました。
다이지나 모노오 오끼와스레마시따.

지금 어디 근처입니까?
いまどの近くですか。
이마 도노 지까꾸데스까?

귀국

탑승수속을 할 때
搭乗手続き

탑승수속은 어디서 합니까?
搭乗手続きはどこでするのですか。
도-죠-떼쯔즈끼와 도꼬데 스루노데스까?

대한항공 카운터는 어디입니까?
大韓航空カウンターはどこですか。
다이깡꼬-꾸-카운따-와 도꼬데스까?

공항세는 있습니까?
空港税はありますか。
くうこうぜい

구-꼬-제-와 아리마스까?

통로쪽[창쪽]으로 주세요.
通路側[窓側]の席をお願いします。
つうろうがわ まどがわ せき ねが

쯔-로-가와[마도가와]노 세끼오 오네가이시마스.

맡길 짐이 있습니까?
お預けになる荷物はありますか。
あず にもつ

오아즈께니나루 니모쯔와 아리마스까?

맡길 짐은 없습니다.
預ける荷物はありません。

아즈께루 니모쯔와 아리마셍.

이 가방은 기내로 가지고 들어갑니다.
このバッグは機内に持ち込みます。

고노 박구와 기나이니 모찌꼬미마스.

탑승은 몇 시에 시작합니까?
搭乗は何時にはじめますか。

도죠-와 난지니 하지메마스까?

비행기에 탑승할 때
搭乗する

〈탑승권을 보이며〉 몇 번 게이트입니까?

何番ゲートですか。
なんばん

남방 게-또데스까?

3번 게이트는 어느 쪽입니까?

3番ゲートはどっちですか。
さんばん

삼방 게-또와 돗찌데스까?

귀국

인천행 탑승 게이트는 여기입니까?
仁川行き搭乗ゲートはここですか。
인쫀유끼 도-죠-게-또와 고꼬데스까?

탑승은 시작되었습니까?
搭乗ははじまったんですか。
도-죠-와 하지맛딴데스까?

방금 인천행 비행기를 놓쳤는데요.
只今仁川行き飛行機を逃したんです。
다다이마 인쫀유끼 히꼬-끼오 노가시딴데스.

면세점은 어디에 있습니까?
免税店はどこにありますか。
_{めんぜいてん}

멘제-뗑와 도꼬니 아리마스까?

탑승권을 보여 주십시오.
搭乗券をみせてください。
_{とうじょうけん}

도-죠-껭오 미세떼 구다사이.

탑승권 여기 있습니다.
搭乗券ここにあります。
_{とうじょうけん}

도-죠-껭 고꼬니 아리마스.

귀국

탑승했을 때
乗った時

이 좌석은 비어 있습니까?
この座席は空いていますか。
고노 자세끼와 구이떼 이마스까?

좌석을 좀 바꿔도 될까요?
座席をちょっと換えても良いでしょうか。
자세끼오 쫃또 가에떼모 이-데쇼-까?

입국신고서는 가지고 계십니까?
入国申告書はもっていますか。
にゅうこくしんこくしょ

뉴-꼬꾸신꼬꾸쇼와 몯떼 이마스까?

이것이 세관신고서입니다.
これか税関申告書です。
ぜいかんしんこくしょ

고레가 제-깐신꼬꾸쇼데스.

입국카드 작성법을 잘 모르겠습니다.
入国カード作成法をよく分からないです。
にゅうこく さくせいほう わ

뉴-꼬꾸카-도 사꾸세-보-오 요꾸 와까라 나이데스.

귀국·통신과 관련된 유용한 단어

검사하다	検_{けん}する	겐스루
검역	検疫_{けんえき}	겐에끼
개인용품	個人用品_{こじんようひん}	고징요-힝
기입하다	書_かき入_いれる	가끼이레루
관세	関税_{かんぜい}	간제-
공중전화	公衆電話_{こうしゅうでんわ}	고-슈뎅와
국가번호	国家番号_{こっかばんごう}	곡까방고-
국외전보	国外電報_{こくがいでんぽう}	고꾸가이뎀뽀-
국제전화	国際電話_{こくさいでんわ}	고꾸사이뎅와
기본 요금	基本料金_{きほんりょうきん}	기혼료-낑
긴급통화	緊急通話_{きんきゅうつうわ}	긴뀨-쯔-와
등기	書留_{かきとめ}	가끼또메
몸 수색	ボディーチェック	보디-첵꾸
받는 사람 주소	宛先_{あてさき}	아떼사끼
발신인	発信人_{はっしんにん}	핫신닝
보내는 사람	おくりて	오꾸리떼
보내는 사람 주소	發信人住所_{はっしんにんじゅうしょ}	핫신닝쥬-쇼

보안검색	保安検索 ほあんけんさく 호안껜사꾸
상대방	相手方 あいてかた 아이떼가따
선편	船便 ふなびん 후나빙
소포	小包 こづつみ 고즈쯔미
수화기	受話器 じゅわき 쥬와끼
수하물 분실신고서	手荷物紛失申告書 てにもつふんしつしんこくしょ 떼니모쯔훈시쯔신꼬꾸쇼
수화물 인수증	手荷物受け取り てにもつうけとり 떼니모쯔우께또리
시내통화	市内通話 しないつうわ 시나이쯔우와
시외통화	市外通話 しがいつうわ 시가이쯔우와
신고하다	届ける とどける 도도께루
요금	料金 りょうきん 료-낑
우체국	郵便局 ゆうびんきょく 유-빙꾜꾸
우편엽서	郵便葉書 ゆうびんはがき 유-빙하가끼
우표	切手 きって 긴떼
장거리전화	長距離電話 ちょうきょりでんわ 쬬-꾜리뎅와
전보	電報 でんぽう 뎀뽀-

memo

memo

memo

memo

memo